Françoise Hauser

„HILFE, ICH HAB GRUNDSCHULE!"

Françoise Hauser

„HILFE, ICH HAB GRUNDSCHULE!"

Das Überlebens-ABC für Eltern

HERDER

FREIBURG · BASEL · WIEN

HERDER spektrum Band 6738

Dieses Werk wurde vermittelt durch
Aenne Glienke | Agentur für Autoren und Verlage
www.AenneGlienkeAgentur.de

Originalausgabe

© Verlag Herder GmbH, Freiburg im Breisgau 2015
Alle Rechte vorbehalten
www.herder.de

Umschlaggestaltung: Designbüro Gestaltungssaal
Umschlagmotiv: © eurobanks / flytoskyft11 – Fotolia.com

Satz: Arnold und Domnick, Leipzig
Herstellung: CPI books GmbH, Leck

Printed in Germany

ISBN 978-3-451-06738-9

INHALT

Willkommen im Paralleluniversum „*Grundschule*"
7

Das Überlebens-*ABC*
15

Sonderthema: *Zeugnissprache*
163

WILLKOMMEN IM PARALLELUNIVERSUM „GRUNDSCHULE"

WETTEN, SIE HABEN BEREITS ein Grundschul-
kind? Oder ein Kindergartenkind, das schon dem großen Tag
entgegenfiebert, an dem es mit der Schultüte in der Hand in die
Schule darf wie die Großen? Alle anderen haben nämlich naturgemäß wenig Grund und Gelegenheit, in die Parallelwelt Grundschule einzutauchen. Falls sie es doch tun, warten dort eine
Menge Überraschungen ...

Als erste Einführung in dieses Paralleluniversum genügt ein Blick
auf die Webseiten deutscher Grundschulen. Überhaupt, das muss
mal gesagt werden: Schulische Webauftritte bekommen selten die
Aufmerksamkeit, die sie verdienen! Was wahrscheinlich schlicht
daran liegt, dass man sich in der Regel die Schule sowieso nicht aussuchen kann. Schade eigentlich, denn gerade im Web verbergen
sich die schönsten literarischen und pädagogischen Ergüsse. Andererseits – manches davon ist regelrecht furchterregend. Geht es
nach den Selbstdarstellungen vieler Grundschulen, sind Lesen,
Schreiben und Rechnen längst passé:

> „Im Mittelpunkt des pädagogischen Konzeptes stehen das
> Kind und die kindliche Welterschließung",

heißt es beispielsweise in einer Münchner Schule. Gut zu wissen,
dass nicht der Hausmeister im Mittelpunkt steht. Oder gar der
Wissenserwerb. Oder sogar so etwas Fieses wie Frontalunterricht.
Aber der ist ja sowieso total out. Stattdessen darf sich nun jedes

Kind aussuchen, womit es sich beschäftigen möchte. Das sieht dann in der Außendarstellung zum Beispiel so aus:

> „Das individuelle Lernen wird an der Schule durch das ‚Konzept der Lernwege' gefördert und für Kinder, Eltern und Lehrer/Lehrerinnen transparent gemacht. Die Kinder arbeiten während der Lernzeit an ihrem Lernweg."

Woran auch sonst? Beruhigend immerhin, dass das Konzept sogar für die Lehrer transparent gemacht wird.

Wirft man einen genauen Blick auf die verklausulierten Inhalte, sieht es aber doch wieder ziemlich nach einem ganz normalen Unterricht mit Deutsch, Mathe, Englisch und Sachkunde aus. Logisch, denn diese Fächer schreibt der Staat vor. Ohne Forschen und Vernetzen geht natürlich trotzdem gar nichts:

> „Ziel ist es, das Kind seinen Fähigkeiten entsprechend zu fördern und in seiner kognitiven, sozialen, physischen und emotionalen Entwicklung zu begleiten. Dabei liegt der Fokus auf dem forschend-entwickelnden und vernetzten Lernen und damit auf den Bereichen Natur, Kultur und Technik. Bei den Lerninhalten stehen zudem die Fächer Mathematik, Deutsch und Englisch im Vordergrund. Durch den Einsatz unterschiedlicher Methoden und die Schaffung einer anregenden Lernumgebung erfahren die Kinder Freude an Lernen und Leistung."

Das klingt ein bisschen, als würden Kinder in anderen Schulen geschlagen, getreten und in ihrer Entwicklung größtmöglich gehemmt. Auch andere Selbstverständlichkeiten werden hier und da nochmal betont: „Wir arbeiten mit dem Klassenlehrerprinzip", heißt es in derselben Schule.

Doch auch die Frage, wie gelernt wird, ist einen Blick wert. Sogar im traditionell konservativen Baden-Württemberg:

> „Das Prinzip der ‚offenen Klassenzimmer' während der Lernzeit (Lernzeit in allen Klassen zeitgleich) ermöglicht den Kindern sich ihre Lernpartner frei zu wählen. (...) Die

‚Lernwerkstatt' ermöglicht allen Kindern freien Zugang zu Materialien, die auf die Lernwege abgestimmt sind und die verschiedenen Lerntypen ansprechen sollen."

Das klingt ziemlich nach Kommen und Gehen, nach Lust und Laune, nach Spaßprinzip und „nö, heute null Bock". Das allerdings gleichzeitig, immerhin.

Selbstverständlich lernen Kinder in der Schule auch die sozialen Grundregeln. Geradezu beängstigend ist, dass man sie allen Ernstes schriftlich festhalten muss. Zum Beispiel wie die „pädagogischen Grundsätze" derselben Grundschule:

„Bildung und Erziehung unserer Kinder ist eine gemeinsame Aufgabe von Elternhaus und Schule. Kinder erreichen mehr, wenn Eltern, Kinder, Lehrerinnen und Lehrer vertrauens- und respektvoll zusammenarbeiten. Der Rahmen hierfür wird durch unsere ‚goldenen Regeln' gebildet:

1. Wir sind freundlich.
2. Wir sind leise und achtsam.
3. Wir halten Ordnung.
4. Ich strenge mich an."

Mitunter finden sich auch ziemlich interessante Aussagen über die Angestellten der Schule, wie in einer Hamburger Institution:

„Die Vielfältigkeit unserer Professionen nutzen wir als Bereicherung für die Zusammenarbeit."

Und ich dachte, die wären alle Lehrer!

Gut, wenn dann wenigstens die Örtlichkeiten einfach strukturiert sind:

„Die Einrichtung des Raumes ist in Lern- und Arbeitsbereiche gegliedert, die den Schülern eine schnelle Orientierung ermöglichen."

Wahrscheinlich sind die Schüler früher orientierungs- und kopflos durch die Klassenzimmer geirrt, getrieben von der Frage: „Was sollen all die Tische und Stühle hier?" Doch damit ist es nicht getan: Haben die Kinder erst (unter Mühen) ihren Platz gefunden, dürfen sie auch etwas tun:

> „Der Unterricht findet in Anlehnung an den Rahmenlehrplan der Grundschule statt. Er wird ergänzt durch ein Training zur phonologischen Bewusstheit und durch Übungen zu den basalen Mathematikkompetenzen."

Gut, wenn man dann ein Fremdwörterlexikon zur Hand hat.

Oder wie wäre es mit dieser Perle?

> „Inhaltlich orientiert sich die Arbeit an ETEP und den damit verbundenen Lernzielen des ELDiB, die aufeinander aufbauend den Schülern die Möglichkeit geben, die altersangemessenen Kompetenzen in kleinen Schritten zu erwerben. Unterstützung bei der Entwicklung von Handlungskompetenz und Persönlichkeit als ganzer wird durch die Einbindung der Grundsätze der Psychomotorik erreicht."

Wir übersetzen: Kinder mit Schwierigkeiten lernen das, was sie in ihrem Alter können sollten. Währenddessen dürfen sie sich auch mal bewegen.

Auch die Rolle des Lehrers, pardon, der Lehrerin hat sich grundlegend gewandelt: Aus Autoritäten sind „Lernbegleiter" geworden, die die Kinder nur noch anleiten, Lösungswege selbst zu entdecken, sich dabei gegenseitig zu kontrollieren und zu helfen. Sechsjährige sind mit einem Male selbst verantwortlich für den Wissenserwerb.

Ziemlich erschreckend ist dabei: Viele Entwicklungen erinnern an die Welt der Arbeit, wie Erwachsene sie jeden Tag erleben: Erziehung und Wissensvermittlung erfolgen per Zielvereinbarungen, Selbstkontrollbögen und Rückmeldungen. Für Grundschüler wohlgemerkt. Zweimal im Jahr gibt es dann noch ein Grundschulzeugnis dazu, dessen Formulierungen in nichts den üblichen Arbeitszeugnissen nachstehen. Außer vielleicht, dass sie noch schwerer zu verstehen sind als ihre Vorbilder in den Personalabteilungen – und dass es in der Grundschule keinen gesetzlichen Anspruch auf eine verständliche Formulierung gibt. Fehlt eigentlich nur noch das halbjährlich Appraisal-Gespräch inklusive Karriereplanung, die dann (wie in der Firma) sofort wieder vergessen wird.

Aber auch mit den Eltern geschieht Seltsames: Aus mündigen Erwachsenen werden in der Grundschule Menschen, die klaglos den Abend damit verbringen, Blankohefte von Hand mit Linien zu verzieren, die Mathehausaufgaben nachrechnen und stundenlang Kataloge wälzen, um den richtigen Ranzen zu finden, die auf Elternabenden diskutieren, ob und warum Tintenkiller erlaubt sind, und sich mühsam Ausreden einfallen lassen müssen, warum man als arbeitender Mensch wirklich, ehrlich, absolut keine Zeit hat, für den Schulfest-Basar zwei frische Kuchen zu backen ... Und falls Sie nun als allererstes an Helikopter-Eltern denken, die aus eigenem Antrieb Tag und Nacht um ihren Nachwuchs schwirren: Ja, die gibt es. Und nein, die sind nicht gemeint, denn die deutschen Grundschulen gehen längst davon aus, dass sich Eltern nachmittags um die Schulkarriere ihrer Kinder kümmern. Hausaufgabenbetreuung im schulischen Hort bedeutet nachmittags oft nur noch, dass ein Erwachsener darüber wacht, dass sich die Schüler nicht den Schädel einschlagen. Der Rest ist Elternsache.

Dennoch stehen Eltern unter dem Generalverdacht der Dummheit: Sie sind potenzielle Nervfaktoren, die den Lehrern ins Zeug pfuschen, alles besser wissen und ständig vor dem Unterricht noch ein Impromptu-Beratungsgespräch führen wollen. Das Problem ist: Vom Lesen und Schreiben haben Eltern in der Regel wirklich Ahnung. Weil sie es selbst können – aber ihre Kinder nach zwei Jahren Grundschule oft immer noch nicht. Skurrile Konzepte wie „Lesen durch Schreiben" verleiten, ja zwingen die Schüler dazu, sich die Schrift bar jeglicher Rechtschreibregeln selbst zu erschließen. Das ist genauso hirnrissig, wie es klingt. Kinder, die zuhause nicht auf den Weg der korrekten Orthographie geschubst werden, zum Beispiel, weil die Eltern nur schlecht Deutsch sprechen (was übrigens auch für manch einen Dialekthaushalt gilt), haben damit kaum eine Chance auf Schulerfolg.

Umgekehrt sieht es natürlich nicht besser aus: Dass die Lehrer aus Sicht vieler Eltern zu dumm sind, die besonderen Fähigkeiten von Angelique-Jacqueline, Matti und Ronny zu erkennen, versteht sich von selbst. Vor den Klassen- und Lehrerzimmern lungert daher regelmäßig eine kleine Gruppe von Müttern und Vätern herum, die ganz schnell noch eine unheimlich wichtige Frage vor dem Unterricht klären muss oder die individuelle Tagesform ihres Kindes anmoderiert. Andererseits: Anders bekommt man eine Grundschullehrerin nicht zu fassen. Oft ist es leichter, ein Gespräch mit dem Papst zu arrangieren, als mit der Klassenlehrerin, deren Telefonnummer und E-Mail-Adresse selbstverständlich geheim bleiben, während das Schulsekretariat nur donnerstags von 9.15 bis 10.50 Uhr geöffnet ist.

Stehen sich Eltern und Lehrer schließlich nach großem logistischem Aufwand gegenüber, fällt die Kommunikation zwischen den Lagern mitunter schwer: Wer sich in der Grundschule verständigen will, muss erst einmal Vokabeln pauken. Wer weiß schon, was sich hinter kryptischen Begriffen wie JÜL, SAPH, Freiarbeit, offener Pädagogik und dialogischem Lernaustausch verbirgt? Aus Lehrern sind längst aktive „Lernbegleiter" geworden, und anstatt Lesen und Rechnen werden nun Texterschließungskompetenzen und basale Mathematik-Kompetenzen gelehrt. Auch der Tatsache, dass man seinen Müll nicht auf den Schulhof kippen und keinesfalls anderen Kindern aufs Maul hauen darf, auch wenn sie blöd sind, ist eine sprachliche Veredelung widerfahren: „Achtsam" muss das Kind nun sein und sich in den Regeln der „wertschätzenden Kommunikation" üben. Andere Vokabeln wiederum gehören zu den klassischen „falschen Freunden", wie man sie aus dem Englischunterricht kennt. „Logisch weiß ich, was Elternvertreter sind", denken Sie wahrscheinlich.

Oder Sie sitzen dem Irrglauben auf, die Schreibschrift zu beherr-schen. Noch. Aber dazu haben Sie ja diese Übersetzungs- und Überlebenshilfe gekauft ...

DAS ÜBERLEBENS-
ABC

Achtsame Schule, die

Sollte Ihnen bei diesem Stichwort unweigerlich das Bild einer leisen Klasse mit gespitzten Ohren vor dem geistigen Auge erscheinen: falsch! Das Programm „Achtsame Schule" bedeutet nichts anderes als die „Entwicklung und Evaluierung achtsamkeitsbasierter Interventionen im Schulkontext". Alles klar? Auf Deutsch: Diverse meditative Übungen sollen den Kindern helfen, sich ihrer aktuellen Gefühle bewusst zu werden, und aus mitleidslosen Rabauken einen Haufen empathischer Vermittler machen. Konkret bedeutet es, dass alle Kinder in einer Unterrichtspause die Augen schließen und beispielsweise das Mantra „Ich bin achtsam, ich halte inne, ich spüre meine Hände und die Luft, die sie umgibt ..." murmeln oder Fragen beantworten wie: „Wie fühlt sich der Kontakt zwischen mir und dem Stuhl an?" Logisch, dass alle, die dabei ordentlich mitmachen, hinterher auf dem Schulhof nach Strich und Faden verarscht werden. Mit ein wenig Glück hat sich die Schule dieses → Motto aber auch einfach nur auf die Fahnen geschrieben, weil es total gut aussieht.

ADHS, die

Offiziell ist die Aufmerksamkeits-Defizit-Hyperaktivitätsstörung ADHS „durch eine mit dem alterstypischen Entwicklungsstand des Kindes nicht zu vereinbarende, situationsübergreifende, andauernde und unangemessene Ausprägung von Symptomen von Unaufmerksamkeit, motorischer Unruhe (Hyperaktivität) und Impulsivität mit Beginn vor dem siebten Lebensjahr gekennzeichnet, die mit erkennbarem Leiden oder einer Beeinträchtigung der sozialen, schulischen oder beruflichen Funktionsfähigkeit einhergeht". Da ADHS längst noch nicht komplett erforscht und auch nicht eindeutig feststellbar ist, muss die Diagnose hier und da auch herhalten, wenn Eltern und Lehrer ratlos sind oder ausgeprägt aktive Zappelphilippe an besonders lethargische Lehrer geraten. Das Gerücht „der Max ist so nervös, ob der wohl ADHS hat?", ist eine potente Waffe in den Händen beziehungsweise Gehirnen dörflicher Gemeinschaften – es wird schon was dran sein, wenn es alle sagen. Ist das böse Wort erst genannt, werden jede Zuckung, jede Schulhof-Klopperei und jede Bewegung als Symptom dieser Krankheit gewertet.

Interessant ist, dass gerade dieses ungestüme Verhalten in der Kinderliteratur als leuchtendes Beispiel dasteht: Eltern lesen ihren Kindern die lustigen Streiche von Michel von Lönneberga oder Pipi Langstrumpf vor, und wenn sich ihre Kinder genauso verhalten wie ihre Idole, werden sie prompt runtersediert.

AGs, die

Tischtennis, Filzen, Entspannung und Kinderchor: Die Zahl der „Arbeitsgruppen" ist unendlich, wenn auch thematisch nicht besonders vielfältig, da sie überwiegend von freiwilligen, unterbezahlten Hausfrauen geführt werden. Deshalb geht es bei den meisten nachmittäglichen Angeboten auch nicht um Technik, Physik oder Biologie, sondern um Filzen, Häkeln und Kochen. Natürlich gibt es auch viele Mütter, die spannende Themen anbieten könnten. Allerdings verdienen die damit ihren Lebensunterhalt und haben tagsüber deshalb keine Zeit. Unter den AG-Besuchern wiederum finden sich erstaunlich viele Kinder, die sich eigentlich für gar nichts interessieren, aber immerhin frei von der Leber weg zugeben, dass Mutti Dienstagnachmittag ein Betreuungsproblem hat und sich deshalb sehr über dieses Angebot freut, egal worum es in der AG geht.

Der Versuchung, selbst eine AG zu leiten, sollte man nur zögerlich nachgeben. Vor allem dann, wenn man sich noch einige Illusionen über Kinder bewahren möchte. Nein, sie sind nicht wissbegierig. Oder lernbereit. Oder länger als zwei Minuten für ein Thema zu begeistern. Vor allem dann nicht, wenn einem die Autorität der Notengebung fehlt. Andererseits fällt es nach einem Schuljahr AG-Leitung erheblich leichter, Sympathien für cholerische Lehrer zu entwickeln oder die Prügelstrafe unter einem völlig neuen Licht zu sehen. Und nein, Elektro-Schocker sind in der Schule verboten, auch wenn sie keine Spuren hinterlassen.

Aggressionen, die

Täglich Kloppe? Alles kein Problem: „Schulhofprügeleien hat es doch schon immer gegeben", „Das ist alles normal, ehrlich. Jungs sind nun mal Jungs" und „Wer wird denn aus jeder Mücke einen Elefanten machen" heißt es da aus Lehrer- und Elternmund. Nur die Kinder, die regelmäßig was auf die Mütze kriegen, sehen das anders. Verlässliche Statistiken zum Thema gibt es mangels zentraler Erfassung nicht, laut dem Psychologen Gerd Arentewicz werden jährlich etwa 90000 Prügeleien gemeldet, die so schwer waren, dass die Schüler danach ärztlich behandelt werden mussten, wobei ein erheblicher Anteil auf die Grundschulen entfällt. Auch eine zentrale Statistik der Schulverweise gibt es nicht – Schule ist Sache der Länder, die in dieser Frage wiederum gerne auf die einzelnen Schulbezirke verweisen. Sicher ist aber: Bei allen sozialen Programmen, Achtsamkeitstrainings und reformpädagogischen Ansätzen scheint Mobbing eher zu- als abgenommen zu haben. Wenn es um disziplinarische Mittel geht, halten sich viele Schulen zurück – wer wollte schließlich dem ansonsten sympathischen Prügler die Schulkarriere versauen? Ziemlich oft heißt es daher für das Opfer (und nicht die Täter): Schule wechseln, sofern die ursprüngliche Schule zustimmt.

Ein deutliches Erkennungsmerkmal wiederholt aggressiver Kinder ist der elterliche Erklärungsansatz: „Der will nur spielen."

Tritte, Ohrfeigen oder Balgereien auf dem Schulhof sind nur Manifestationen des kindlichen Ungestüms und bedürfen keinerlei weiterer erzieherischer Maßnahmen. Im Gegenteil: Sanktionen könnten der Kindesentwicklung abträglich sein. Eventuelle Folgeschäden werden bestenfalls dadurch verursacht, dass hartherzige und rachsüchtige Eltern auf Konsequenzen pochen.

Vermitteln Sie ihrem Kind daher rechtzeitig, dass
a) lange Sätze
b) schwierige Wörter
c) die Kombination aus beidem
bei Kevin und Chantal bestenfalls Unverständnis hervorrufen und in der Regel dazu führen, dass man ohne Vorwarnung eins auf die Mütze kriegt. Die Zuhilfenahme eventueller Instrumente – Stöcke, Steine, Ranzen – wird dabei als Zeichen von Intelligenz gewertet.

Generell gilt der Grundsatz: Selber schuld, wenn das Kind auf so hohem Niveau argumentiert, dass sich andere nur durch Schläge wehren können.

Aktive Begleitung des Lernprozesses, die

Der Lehrer macht auch mal was.

Aktivierende Elternarbeit, die

siehe auch → Elternarbeit. Ein Ausdruck, der sich erheblich besser anhört als „in den Arsch treten", letztlich aber nichts anderes meint. Durch Gespräche und Einbindung in diverse Schulprojekte sollten unwillige Eltern dazu motiviert werden, ihre Kinder morgens zu wecken, in die Schule zu schicken und idealerweise sowohl für Frühstück als auch für Pausenbrot zu sorgen. Eltern, die sich in diesen Disziplinen schwertun, sind allerdings kaum dazu zu überreden, im Schulalltag eine aktive Rolle zu spielen. Die aktivierende Elternarbeit wird daher oft an unverbrauchte Junglehrer dirigiert, die noch an den Sinn und Zweck ihres Tuns glauben.

Argumente, die

Spielen in Grundschule keine große Rolle. Wer lauter schreit, hat recht, basta. Interessanterweise geht dieses Verhaltensmuster nach fünfzehn bis zwanzig Jahren auch auf die Lehrkräfte über. Vor allem im Lehrer-Eltern-Gespräch gilt die Regel: Aussagen, die, unabhängig von ihrem Gehalt, dreimal wiederholt werden, sind automatisch richtig und unumstößlich.

Aufgabe, die

„Eine Aufgabe liegt vor, wenn ein Zielzustand klar definiert ist, die zu seiner Realisierung erforderlichen Schritte bekannt sind, und keine Barriere existiert (Problem). Es werden verschiedene Aufgabentypen unterschieden, u. a. Beobachtungs-, Beurteilungs-, Darstellungs-, Deutungs-, Entscheidungs- und Gestaltungsaufgaben."[1]

Kein Wunder, dass sich viele Grundschullehrer dann doch lieber für einen spielerischen Ansatz entscheiden.

---

[1] Rahmenlehrpläne Grundschule, Pädagogische Begriffe, Landesinstitut für Schule und Medien Brandenburg (LISUM), 2004

Ausflug, der

Ein Grundschulausflug (mittlerweile oft auch als „Lernen an außerschulischen Orten" bekannt) gilt als Erfolg, wenn

- bei der Rückkehr noch genauso viele Kinder dabei sind wie bei der Abfahrt,
- die Lehrer noch fahrtüchtig sind,
- keine größeren Verletzungen zu vermelden sind,
- keine Haftpflichtversicherung bemüht werden muss,
- keine Lebensmittelvergiftungen (im Sommer) oder Erfrierungen (im Winter) auftreten.
- Da nicht immer alle Bedingungen restlos erfüllt werden können, gilt der Ausflug unter Grundschullehrern als Schreckensszenario, dem sie keinesfalls allein begegnen möchten. Erfahrene Kräfte binden daher möglichst viele Eltern (also Mütter) ein. Als Volltreffer gilt, wenn man es schafft, jeweils ein Elternteil der besonders wilden Rabauken als Begleitpersonen zu gewinnen. Diese stehen dann zwar nur als Aufsicht für die eigene Brut zur Verfügung, entspannen jedoch die Haftungslage enorm.

Alternativ greift man daher gerne zu Theaterbesuchen oder Veranstaltungen in geschlossenen Räumen. Die Verlustquote lässt sich so mit wenig Aufwand verringern. Eventuell verloren gegangene Kinder bremst der Museumswächter meist am Ausgang.

Steht ein Schulausflug an, sollten Sie unbedingt Berufstätigkeit vortäuschen und keinesfalls mit dem Autoschlüssel in der Handtasche klimpern. Fahrdienste sind gefürchtete Strafaktionen!

Aushilfskräfte, die

Das gute am deutschen Grundschulwesen ist: Auch Quereinsteiger und passionierte Anfänger haben eine reelle Chance, pädagogisch durchzustarten. Zum Beispiel als Aushilfslehrer. Die Anforderungen sind ansprechend niedrig gesetzt: Ein Uni-Abschluss wäre schön, ist aber keine Grundvoraussetzung, genauso wenig wie eine pädagogische Ausbildung. Eigentlich reicht es, über achtzehn und unter achtzig zu sein und keine einschlägigen Vorstrafen als Kinderschänder oder Mörder mitzubringen. Da kann es ganz realistisch passieren, dass die ausgebildete Zahnarzthelferin aus der Schulküche vormittags auch noch *Deutsch für Ausländer* gibt – und sich als beste Lehrkraft entpuppt! Dank Schwangerschaften, Grippewellen, Fehlplanung und Sparwut kommen Aushilfskräfte sogar ziemlich oft zum Einsatz: Irgendwie sind nie genügend Lehrer da. Wie viele es sind, lässt sich aufgrund der dezentralen Schulplanung kaum herausfinden. Doch auch statistische Schlaglichter wie die kleine Anfrage eines Abgeordneten zum Anteil an ausgebildeten Lehrern unter den Vertretungskräften → PES können sich bei näherer Betrachtung als echt interessant erweisen: Es sind mit Sicherheit mehr, als man annehmen sollte. Für eigene empirische Untersuchungen empfiehlt es sich, einfach mal ganz unwissenschaftlich das Stichwort „Aushilfskraft Grundschule" in einer Internet-Suchmaschine einzugeben. Unter den Abertausenden von Ergebnissen sind übrigens relativ wenige Putzkräfte – sondern verblüffend viele echte Stellenanzeigen für Aushilfskräfte, die den Unterricht übernehmen sollen.

Basale Mathematikkompetenzen, die

Rechnen. Also plus, minus, geteilt und mal, am besten ohne Taschenrechner oder Fingerabzählen. Wenn ich Lehrer wäre, würde ich allerdings auch viel lieber basale Mathematikkompetenzen unterrichten, das klingt nämlich nach was!

Da es in dieser Hinsicht hier und da auch auf Seiten der Eltern an Grundlagen mangelt, sind kleine Mathematik-Showeinlagen der Lehrer auf Elternabenden keine Seltenheit. Um 22.00 Uhr schnell nochmal wiederholen, wie man dividiert oder große Zahlen multipliziert, macht große Freude und ist ein zuverlässiger Stimmungsaufheller zu später Stunde. Inklusive Rückfragen kann dies durchaus eine halbe bis ganze Stunde füllen.

Basteln, das

In der Grundschule wird bei jeder Gelegenheit gebastelt. Zu Weihnachten, zum → Muttertag, an Ostern und natürlich auch sonst übers Jahr. Dummerweise hat man im Leben nur sehr begrenzt Bedarf an Lesezeichen, aus Gips gegossenen Fischen, gehäkelten Pulswärmern oder gakeligen Weihnachtssternen, und auch der Platz an den Wänden wird im Laufe der Schuljahre ziemlich knapp. Mütter mit mehreren Kindern haben daher ein grundsätzliches Lagerungsproblem. Abhilfe schafft hier die Verwandtschaft. Ein Geschenk für Onkel Karl, eine Zeichnung für Tante Eva, und Oma und Opa brauchen schon lange einen Pulswärmer, EHRLICH!

Beamtenstatus, der

Irreversible Degeneration der Arbeitsleistung, hervorgerufen durch mangelnden Anreiz. Vom Beamtenstatus befallene Grundschullehrer sind nicht mehr in der Lage, neue Arbeitsblätter zu entwickeln. In schweren Fällen schaffen sie es sogar nicht mehr, zwölf Jahre nach der Einführung des Euro ihre Sachaufgaben von D-Mark auf Euro umzustellen. Leider ist diese Krankheit nach aktuellem Forschungsstand unheilbar und auch durch wiederholte Gabe von Anreizen nicht zu beeinflussen.

Diskussionen zu diesem Thema gehören zu den ganz großen Fehltritten, die man sich im schulischen Umfeld nur leisten sollte, wenn

- das Kind bereits kurz vor Ende der vierten Klasse steht,
- das Kind bereits eine genehme Empfehlung für die weiterführende Schule bekommen hat,
- keine Geschwisterkinder auf dieselbe Schule gehen sollen.

Begabtenförderung, die

Seien Sie ehrlich: Es ist schon irgendwie toll, wenn das eigene Kind zu den wenigen in der Klasse gehört, die aufgrund besonders guter Leistungen für besondere Kurse ausgewählt wurden. Doch egal, ob es sich um die baden-württembergische Hector-Akademie oder ein anderes Programm handelt: Verraten Sie niemandem, dass Sie dazugehören. Wer sein Kind in die Begabtenförderung schickt, der

- hält sich für etwas Besseres,
- ist total arrogant,
- versaut seinem Balg die Kindheit durch Lernen,
- oder dem geschieht es ganz recht, wenn das Kind später doch noch abstürzt. Kein Wunder bei dem Druck!

Politisch hat die Begabtenförderung irgendwie etwas ganz Dreckiges an sich. Wie kann ein bereits vom Schicksal so gesegnetes Kind es sich anmaßen, weitere Förderung zu erwarten?

Behaltensleistungen, die

Wenn sich der Schüler was merken kann.

Bestimmung des Nachbarzehners, die

Keine Angst, hier gehen sich die Kinder nicht an die Wäsche, sondern ... rechnen. Wenn der Schüler weiß, dass nach der 20 die 30 steht und vorher die 10 kommt, dann war die Bestimmung des Nachbarzehners erfolgreich. Als Steigerung dessen lassen sich auch Nachbarhunderter bestimmen – ein Begriff, der später im Altersheim ebenfalls Verwendung findet.

Bewegung, die

Vom Sportunterricht bis zum Laufdiktat spielt Bewegung in der Grundschule eine große Rolle. Das ist erst einmal gar nicht schlecht: Rund zwanzig Prozent aller Achtjährigen sind übergewichtig.

Binnendifferenziertes Lernen, das

(auch: innere Differenzierung) Alle hocken zusammen in einer Klasse, egal, wie gut oder schlecht, wie alt oder sonst wie. Der Lehrer versucht derweil, durch unterschiedliche Arbeitsblätter oder Gruppenarbeit die gelangweilten Schüler in Schach zu halten und die schlechten doch noch irgendwie ins Boot zu holen. Interessanterweise geht das binnendifferenzierte Lernen mit einem hohen Lehrerverschleiß einher. Vielleicht ist diese Disziplin doch nicht so einfach, wie man in den Kulturministerien gerne glaubt?

Normalerweise sind es daher auch die Lehrer der Spezies „Frisch von der Universität", die sich mit Feuereifer in dieses Experiment stürzen.

Bio-Kost, die

Mahnmal der nachhaltigen, ökologischen und vollwertigen Elternfürsorge. Wer sein Kind schamlos mit Hamburgern und Pizza (die Bösen aus WEISSEM Mehl!) füttert, braucht sich nicht wundern, wenn die Schulleistungen zu wünschen übrig lassen und die Kinder schon Ende der vierten Klasse in die Pubertät kommen und völlig verpickeln. Das ist zwar bei biologisch gehaltenen Kindern genauso, da aber TROTZ der guten Ernährung.

Böse Fragen, die

Bei der Suche nach der richtigen Grundschule gibt es eine Handvoll Fragen, deren Antworten für die Entscheidung gar nicht unerheblich sind. Zum Beispiel:

→ Wie viele Unterrichtsstunden fielen im letzten Jahr aus?
→ Wie viele wurden von unqualifizierten Kräften gehalten?
→ Wie hoch ist die Übertrittsrate auf das Gymnasium?
→ Wie groß ist die Klassenstärke der letzten Jahre?

Andererseits: Sie wollen den Schulplatz schon haben, oder?

Checklisten, die

Spätestens ab dem dritten Lebensjahr beginnt für Eltern mit bildungsbürgerlichem Hintergrund die quälende Suche nach der „richtigen Grundschule" für das Kind. Damit man ja keinen wichtigen Aspekt übersieht, bieten Erziehungsmagazine und Internetseiten ganze Checklisten – nicht, dass man am Ende einen wichtigen Aspekt übersieht. Für alle, die diese Listen noch nicht kennen: Das sieht dann so aus:

Lage der Schule
Wo liegt die Schule? Auf dem Land oder in der Stadt? Ist die Gegend sicher?

Schulweg
Wie ist die Anbindung? Ist der Schulweg kurz oder lang? Wie sicher ist der Schulweg? Gibt es Gefahren auf dem Schulweg?

Schulräumlichkeiten
Wie sind die Räume gestaltet? Gibt es viel Licht? Gibt es Malereien und Basteleien von Kindern an den Wänden? Wie sind die Waschräume? Ist alles kindgerecht? Findet man sich leicht zurecht?

Sauberkeit in der Schule
Sind die Räume sauber und ordentlich? Wird regelmäßig geputzt? Wie oft wird geputzt?

Umgangsformen in der Schule

Spielen die Kinder zusammen? Gibt es viel Streit? Sind alle höflich? Wie verhalten sich die Schüler gegenüber den Lehrern? Wie verhalten sich die Lehrer gegenüber den Schülern?

Lehrstil

Ist der Lehrstil autoritär? Oder locker? Wird nach klassischen Methoden gelehrt? Welchen Prinzipien folgt der Lehrstil? Was für Grundsätze gibt es für den Unterricht?

Freizeitaktivitäten

Gibt es Arbeitsgruppen? Was für AGs gibt es? Wie groß ist die Auswahl? Was für zusätzliche Freizeitangebote gibt es?

Individuelle Möglichkeiten zur Förderung

Gibt es eine Hausaufgabenbetreuung? Gibt es eine Fördergruppe? Was für Möglichkeiten zur Förderung gibt es? Wie verhält sich der Lehrer im Fall eines Kindes mit Lernschwäche?

Qualifikation der Lehrer

Welche Qualifikationen haben die Lehrer? Welche zusätzlichen Qualifikationen haben die Lehrer? Wie machen sich die Qualifikationen im Schulalltag bemerkbar? Was für Vorteile hat Dein Kind davon?

Ausrichtung der Schule

Gibt es einen fachlichen Schwerpunkt? Wo liegt der Schwerpunkt? Welche Vorteile bietet dieser Schwerpunkt? Kommt ein Internat für Dein Kind in Frage?

Spätestens bei der Frage nach der Qualifikation der Lehrer („Sagen Sie mal, haben Sie eigentlich studiert?") oder der Frage, ob der Lehrstil autoritär ist, dürften erfahrene Eltern die Lektüre abbrechen. Nach diesem Interview braucht man nämlich sein Kind dort gar nicht mehr anmelden. Außerdem: Die wirklich wichtigen Fragen sind natürlich völlig andere:

- → Wie lernen die Kinder lesen und schreiben? Kursiert eine blöde Anlauttabelle?
- → Wie weit kann man die Schultoilette aus der Ferne riechen? Empfiehlt es sich, zur Einschulung die Hepatitis-A-Impfung aufzufrischen?
- → Liegt die Schülertoilette außerhalb des Gebäudes, sodass jedermann dort leicht Zugang hat?
- → Wie alt sind die Lehrerinnen? Wie laut müssen Sie sprechen, um verstanden zu werden?
- → Wie viele Kinder haben die Lehrerinnen? Steht die nächsten fünf Jahre eine Babypause nach der anderen an? (Zugegeben: Diese Frage können Sie sich sparen. Nutzen Sie lieber den Dorf-Funk oder Geheimdienstmethoden, um an die Infos kommen.)
- → Wie hoch ist die Auf-die-Fresse-Frequenz auf dem Schulhof? Wo stehen die Lehrer bei der Pausenaufsicht?
- → Was liegt alles in der Sammelecke? Hier lässt sich schön das Sozialniveau ablesen. Je mehr Aso-Klamotten, desto höher die wöchentliche Taschengeldabgabe an den jeweiligen Pausenhofkönig.
- → Wie laut ist es während des Unterrichts auf dem Gang? Sind alle Klassen auf dem Gang zu hören?
- → Wie hoch ist die akustische Arschloch-/Sau-/Hurensohn-Frequenz auf dem Weg zur und von der Schule?
- → Können die anderen Kinder Deutsch?
- → Sprechen die Lehrer Dialekt oder Hochdeutsch?

Selbstverständlich ist es nicht ganz einfach, diese Daten aus dem Nichts zu erheben. Eine unauffällige Inspektion vor Ort verbessert die Informationslage. Den Tag der offenen Tür kann man dabei getrost auslassen – da wurden die Toiletten garantiert vorher geputzt.

Chinesisch, das

gilt mithin als Eintrittskarte zur Welt und als Garant für beruflichen Erfolg. Außerdem klingt es ziemlich gut, wenn man mal nebenbei einfließen lassen kann, dass das eigene Kind sich zwar schon ganz passabel auf Chinesisch ausdrücken kann, aber noch einige Lücken in der Grammatik aufweist. Chinesisch-AGs erfreuen sich daher bei Grundschuleltern großer Beliebtheit. Dass dort meist nur Memorys gelegt oder lustige Lieder gelehrt werden, liegt wiederum daran, dass die Kinder diese Begeisterung noch nicht so ganz verinnerlicht haben und sich oft rundum weigern, irgendetwas Arbeitsintensives zu tun. Einzig mit chinesischen Schimpfwörtern oder interessanten Vokabeln wie „Furz" oder „dummes Ei" sind sie kurzzeitig zu motivieren.

Chor, der

Kinder singen gerne, heißt es zumindest in pädagogischen Kreisen. Leider tun sie dies aber nicht immer richtig. Eventuelle Tonschwächen werden einfach mit Laustärke ausgeglichen. Aufführungen des Schulchors sind daher, wie viele andere Schulveranstaltungen, unbedingt nur leiblichen Verwandten oder sehr, sehr engen Freunden zuzumuten. Alternativ kann man mit Kinderchor-Abenden natürlich auch mal einen Bekanntenkreis ausmisten.

Classroom Management, das

Vom Umgang mit Störern, der Abwehr körperlicher Angriffe bis zur aktiven Umsetzung des neuen Inklusionstrends – der Begriff umfasst also kurzum so ziemlich alles, was irgendwie mit Überleben zu tun hat. Der Lehrer natürlich. Die Instrumente des Classroom Managements fußen auf der hin und wieder durchaus berechtigten Angst der Lehrer vor ihrer Klasse. „Angst" klingt allerdings längst nicht so gut wie Classroom Management, was wiederum ziemlich nach „im Griff haben" schmeckt.

Clustering, das

Ein Cluster ähnelt einer Mindmap. „Unter Cluster versteht man in der Regel eine (zunächst) unstrukturierte Darstellung zusammenhängender Gedanken", weiß das Lehrbuch. Bei Lehrern eine sehr beliebte Methode, da Grundschüler ganz von selbst zum Clustering tendieren und daher in dieser Disziplin keiner weiteren Übung bedürfen.

Computer-Kompetenzen, die

Ein ziemlich weiter Begriff, dessen Bedeutung in der diffusen Angst fußt: „Verlieren unsere Kinder den Anschluss an die Welt der modernen Elektronik?" Immer öfter locken Schulen mit dem täglichen Einsatz von Tablets ab der ersten Klasse, andere bieten immerhin in der Mittagspause die Möglichkeit, einen Computer-Führerschein in den gängigen Office-Programmen zu machen. Wer ihn besitzt, darf fortan ohne Aufsicht den Computer benutzen. Powerpoint-Präsentationen werden da übrigens nicht erstellt. Angst um die 2.0-Kompabilität der Grundschüler muss man also nicht haben. Die meisten bekommen den Anschluss ganz wunderbar hin – und ohne Kinderbücher im Regal ist ja auch viel Platz für Software-Ratgeber.

Datenschutz, der

Schwierige Frage, die auf Elternabenden unbedingt geklärt werden muss. Ist es okay, auf Schulveranstaltungen Fotos zu schießen und diese der Allgemeinheit zugänglich zu machen? Oder wird am Ende die eine oder andere geheime Identität aufgedeckt? Und wie steht es um die Adresslisten? Dürfen alle Eltern die Telefonliste sehen? Oder sogar weitergeben? Unter dem Gesichtspunkt des Datenschutzes kann es mitunter recht schwierig werden, wenn sich Marc aus der Klasse 1a mit Theo aus der 1b verabreden will, dies aber unter Mitwirkung der Mütter geschehen soll und beide Kinder ihre Telefonnummern nicht auswendig wissen. Adresslisten der → Parallelklassen fallen grundsätzlich unter den Datenschutz und stehen unter strengster Geheimhaltung. Unterdessen entdecken die meisten Schüler gegen Ende der Grundschule Smartphone und Internet. Während die Eltern noch über den richtigen Umgang mit Telefonnummern diskutieren, posaunen die lieben Kleinen alle Familiengeheimnisse per WhatsApp raus.

Dialogischer Lernaustausch der Kinder, der

Wenn sich die Kinder untereinander was beibringen, ohne dass der Lehrer viel dabei machen muss.

Diktat, das

„Diktate abschaffen" heißt es hier und da in der Grundschulpädagogik. Schließlich wird den Kindern hierbei ganz ohne eigene kreative Leistung eine Norm eingebläut – bloßes Auswendiglernen ist das! Pfui! Ganz ohne geht es dann aber doch nicht. Mittlerweile gibt es daher eine ganze Menge seltsamer Diktat-Ableger, die ein wenig an der Rechtschreibung schrauben sollen: Würfeldiktate, Dosendiktate, Bilddiktate, Eigendiktate wie das Kassettendiktat (der Schüler spricht sich den Text selbst auf Kassette und schreibt danach das Diktat, während er sich selbst anhört) oder Partnerdiktate, das heißt Schüler lesen sich gegenseitig vor und korrigieren zusammen. Falls Sie sich fragen, wo der Lehrer bei all diesen Übungen bleibt – seien Sie nicht so missgünstig und gönnen Sie dem überarbeiteten Personal doch auch mal eine Ruhepause!

Grundschüler, die regelmäßig den klassischen Diktaten ausgesetzt werden, erkennt man daran, dass sie am Ende der vierten Klasse richtig gut schreiben können. Weil sich dies auch unter Eltern langsam herumspricht, dürfen Sie sich schon einmal darauf freuen, sich spätestens ab der zweiten Klasse zuhause so richtig beliebt zu machen, indem Sie Ihre Kinder regelmäßig zum Diktat zwingen.

Direktor, der / Direktorin, die

Aussterbende Spezies, deren schwindende Zahl nicht durch mangelnde Biotope, sondern schlechte Entlohnung bedingt ist. Wiederansiedlungsprojekte waren und sind oft nur wenig erfolgreich, da das Zusatzgehalt für einen Direktorenposten im gesamten

Bundesgebiet nur rund zwei- bis dreihundert Euro mehr beträgt als für einen Lehrerjob gleicher Altersstufe. Die Bereitschaft zu Mehrleistungen analog zur Gehaltssteigerung ist daher kaum vorhanden.

Doppelvornamen, die

Cedrik-Marcel, Wim-Caspar, Dean-Ryan, Thore-Hendric, Catherina-Victoria, Anna-Svea ...: Da kann man gleich doppelt zeigen, dass das Kind einen anständigen Hintergrund hat und die Eltern eine gewisse klassische Bildung und Kreativität mitbringen. Alternativ kann man natürlich gleich Kevin-mäßig doppelt danebengreifen. Kinder mit Doppelnamen haben oft Eltern mit einem gewissen sozialen Ehrgeiz.

Dresscode, der

Elternabend. Weihnachtsfeier. Schulaufführung. Was zieht man eigentlich an? Für Lehrerinnen scheint es einen klaren Dresscode zu geben: Rock mit Stiefel, gerne ein wenig Folklore-angehaucht, einige große Ketten und natürlich auch mindestens ein Schal. Shabby-Chic ist immer richtig, das manifestiert sich schon während des Pädagogik-Studiums. Und alle anderen? Für Eltern gilt: Im Chef-Dress direkt aus der Führungsetage aufzuschlagen ist riskant. Frauen, die sich als Führungskräfte zu erkennen geben, sind wahrscheinlich sowieso schlechte Mütter. Männer in Anzügen verleiten wiederum zu Territorialkämpfen: „Nur weil der sich in der Firma als Chef aufspielt, hat der mir noch gar nichts zu sagen ..." Selbstgestricktes vermittelt dagegen bei beiderlei Geschlecht Engagement für die Familie. Als Accessoire sind Ketten und Broschen aus Kinderhand unschlagbar.

Edutainment, das

Das Leben ist eine einzige große Show – und das Lernen auch: Education und Entertainment in einem eben. Einfach mal was erklärt bekommen? Das riecht nach Frontalunterricht. Lernen muss Spaß machen, begeistern, sofort umsetzbar sein, sich begreifen und diskutieren lassen und sowieso grundsätzlich freiwillig erfolgen. Lehrkräfte, denen dieses kleine Wunder nicht täglich gelingt, sind einfach zu alt oder haben den falschen Beruf erlernt. Und dass die alle faul sind, das weiß man ja sowieso. Wie Edutainment später mit Lateinvokabeln oder dem Unterschied zwischen Präpositionalobjekt und adverbialer Bestimmung, dem Ablativ oder komplizierten mathematischen Formeln kompatibel sein soll, bleibt ein Geheimnis derer, die sich diesem Konzept verschrieben haben.

Einschulung, die

Gewaltiger Einschnitt im Leben der Eltern. Der Kinder natürlich auch, aber das steht auf einem anderen Blatt. Das größte Problem der Einschulung ist die Frage, wie füllt man die Schultüte so, dass

→ der Inhalt dem Kind gefällt,
→ die Kosten unter 100 Euro liegen,
→ das Scheißding annähernd voll wird,
→ sie nicht zerfällt, weil es verdammt schwer war, das ☠☠☠-Bastelset zusammenzusetzen,
→ das Kind sie noch tragen kann,
→ irgendwas Gesundes drin ist,
→ dafür aber nichts Peinliches rausschaut?

Für die Alternative, das Kind einfach erst am zweiten Tag in die Schule zu bringen, können sich die Schulbehörden übrigens nicht erwärmen.

Einzugsbereich, der

Eltern, die bereits kurz nach der Geburt umziehen, um bloß im richtigen Grundschulbezirk zu wohnen, gelten unter Kinderlosen gerne als bekloppt, übereifrig und politisch inkorrekt. Falls Sie dazugehören: Halten Sie die Klappe und ziehen Sie trotzdem um. Auf Dauer wird es erheblich teurer, ständig neue Turnschuhe und Marken-Sporthosen zu kaufen, weil sich der Filius den Zugang zum Schulhof erkaufen muss. Die passenden statistischen Daten bei der Suche nach dem neuen Wohnort im gewünschten Einzugs-bereich liefert der → Sozialdatenatlas.

Elternabend, der

Er soll den Eltern vorgaukeln, sie hätten ein Anrecht auf Infor-mationen und sogar ein Mitspracherecht. De facto ist dies natür-lich völliger Unsinn. Auf dem Elternabend werden die täglichen Abläufe in der Grundschule erläutert und die Frondienste der Eltern verteilt.

Außerdem werden so wichtige Fragen besprochen wie:

- Welchen Rand darf das Matheheft haben?
- Was passiert mit dem fast leeren Heft von Leander, das seine Mutter noch aus dem letzten Jahr aufgehoben hat?
- Sind zwei Zentimeter mehr eventuell doch tolerabel?
- Darf es auch ein handgemalter Rand in einem sonst randlosen Heft sein?
- Wieso dürfen die Kinder keine halben Seiten freilassen?
- Auch nicht, wenn sie zwischendrin liegen?

- Dürfen sie das wirklich nicht?
- Was soll mit Seiten passieren, die versehentlich freigelassen wurden, weil der Pascal immer so hastig umblättert?
- Wie können Lehrer verhindern, dass die Kinder ohne Jacke in die Pause gehen?
- Ist Regen schädlich?
- Darf man Kinder trotz Regen in die Pause schicken?
- Auch Leander, der seit seiner frühesten Kindheit zu grippalen Infekten neigt und in der Regenjacke immer so schwitzt?

Außerdem werden die Eltern bei dieser Gelegenheit auf die herrschende Ideologie eingeschworen. Und weil diese immer wieder wechselt, braucht es eben jedes Halbjahr einen neuen Elternabend. Informationen über den Stand des eigenen Kindes gibt es auf dem Elternabend natürlich nicht. Dafür dauern sie grundsätzlich eine halbe Stunde länger, als man je für möglich gehalten hätte. Um den psychologischen Verschleiß einzelner Eltern möglichst gering zu halten, empfiehlt es sich, die Teilnahme familienintern auszulosen und nicht immer denselben Elternteil zu verheizen.

GUT ZU WISSEN:

Väter werden auf Elternabenden mit einem fetten Männer-Bonus bedacht, denn Männer sind dort grundsätzlich sehr selten vertreten, sind jedoch oft anfälliger für Schmeicheleien und lassen sich leichter mit den Ködern „Verantwortung und Mitspracherecht" locken. Üben Sie rechtzeitig zuhause mit dem Kindsvater, alle Ämter mit einem firmen „Nein" abzulehnen.

Elternarbeit, die

Sogar staatliche Broschüren versuchen die Eltern in Sicherheit zu wiegen: „Elternarbeit ist sprachlich gesehen ein etwas merkwürdiger Begriff. Man könnte unter ihm auch die Arbeit von Eltern verstehen. (...) Noch konkreter: unter Elternarbeit verstehen wir Gespräche, Beratungen, Informationen, Einbestellungen in die Schule, Hausbesuche, schriftliche Mitteilungen, Organisation der Mitarbeit von Eltern", heißt es in einer Broschüre, die in Zusammenarbeit des Bundesministeriums für Bildung und Forschung und des Instituts für berufliche Bildung und Weiterbildung e.V. entstand. Was natürlich völlig falsch ist. Oder anders gesagt: Wer ordentlich aufmuckt, wird zuhause besucht, alle anderen müssen fleißig backen und dabei auch noch total eingebunden und glücklich wirken. Hier und da wird die Elternarbeit auch als gewinnbringende Methode (ideell, nicht pekuniär!) angepriesen, indirekt Einfluss auf die Gestaltung des Schulalltags zu nehmen. Erfahrene Eltern fallen auf solche durchsichtigen Versprechungen natürlich nicht mehr herein.

Elternbeiräte, die (auch: Elternsprecher, die)

haben eine lange Latte von Verantwortlichkeiten: Sie müssen

a) jederzeit bereit sein, sich langwierige Tiraden der Eltern über die Lehrer anzuhören, wenn Tina/Merle/Jonas eine Note unter dem üblichen Schnitt liegen. Gerne finden diese abendfüllenden Telefonate nach 20 Uhr statt. Logisch, denn dann sind die Elternbeiräte ja auch zuhause.

b) Weihnachtskreise organisieren, Plätzchen backen, für das Geburtstagsgeschenk der Klassenlehrerin sammeln und viele langweilige Elternbeiratssitzungen absolvieren.

c) auf den Elternabenden Protokoll führen.

Dafür dürfen sie

a) überall mit tragendem Unterton verkünden, dass sie sich ja auch in der Schularbeit engagieren und das als große persönliche Bereicherung empfinden,

b) Vorschläge von Eltern, die sie nicht mögen, sofort wieder abwürgen oder gleich vergessen,

c) auf dem Elternabend ganz vorne bei der Lehrerin sitzen.

Die → Elternbeiratswahl gestaltet sich trotz dieser bestechenden Vorteile mitunter recht zäh und artet zu regelrechten Thrillern aus.

GEISELDRAMA UM HALB ZEHN

Der erste Elternabend ist fast vorbei, auch die zähesten Ich-hab-da-mal-eine-Frage-Nerver lassen langsam den Stift sinken. Doch halt! Eine wichtige Sache gäbe es da noch. „Sie dürfen noch die Elternvertreter wählen", verkündet Frau Ackermann freundlich, fast so, als gälte es ein besonderes Leckerli zu verteilen. Die Eltern mit älteren Kindern zucken fast unmerklich zusammen und rutschen ein wenig tiefer in den Stuhl. Jetzt heißt es, keine Fehler machen! „Trauen Sie sich ruhig", versucht Frau Ackermann die zurückhaltende Elternmenge ein wenig aufzumuntern, „das ist doch eine schöne Gelegenheit, sich in den Schulalltag einzubringen." Genau. Das ist ja das Problem. Es herrscht betretenes Schweigen, niemand scheint zu atmen. Während die meisten interessiert den Boden begutachten, werden die Ersten nervös. „Also ich kann nicht, ich bin unheimlich oft im Ausland unterwegs", bricht es aus einem nervlich nicht sehr stabilen Vater heraus. „Das macht gar nichts", erwidert Frau Ackermann mit der langsamen Betonung, die sie auch für besonders lernresistente Schüler anwendet, „so oft finden die Elternbeiratssitzungen ja nicht statt." Ein mögliches Opfer ist gefunden. Die Ersten werden wagemutig und heben hier und vorsichtig den Blick. „Du kannst doch so was gut, Peter", ermuntert ihn ein anderer Vater. Wird er in die Knie gehen? Immerhin hat er dilettantisch gegen die wichtigste Regel verstoßen: Ziehe niemals die Aufmerksamkeit auf dich! Doch Peter ist zäher, als er wirkt. Mit einem trotzigen „Nein" verschränkt er die Arme vor dem Bauch. Es muss ein anderer her. Schnell senken alle wieder den Blick. „Wir kommen hier nicht weg, solange kein Elternvertreter gewählt ist", wirft Frau Ackermann in die stille Runde. Das ist die ultimative Waffe: die Geiselnehmer-Methode. Würde Frau Ackermann mich aufhalten, wenn ich jetzt einfach ginge? Andererseits: Die nächste Grundschule ist ganz schön weit entfernt, und ein Schulwechsel wäre schon lästig. Die Zeit zieht sich. Es ist still. Draußen auf dem Gang verhallen leise die Schritte der anderen Elterngruppen. „So kommen wir doch nicht weiter", rügt Frau Ackermann und blickt auf die Uhr. „Wir müssen einen Elternvertreter bestimmen." Aha! Bestimmen. Da hat sich die Diktion schon ein wenig geändert. Von Wahl ist nun keine Rede mehr. Im rechten Bereich des Stuhlkreises zeigen die Ersten Zeichen des Stockholm-Syndroms – die Identifikation mit dem Geiselnehmer. „Also, so geht das nicht", empört sich eine Mutter und blickt streng in die Runde. Weil alle Eltern immer noch stur auf den Boden schauen, verpufft ihre Rüge jedoch folgenlos. Die nächsten 20 Minuten – in Worten z-w-a-n-z-i-g Minuten! – ziehen sich gefühlte Tage hin. Vor dem Schulgebäude erlöschen bereits die Straßenlaternen. Es ist dunkel. Nur 21 einsame Gestalten in Zimmer 25 im zweiten Stock harren noch aus. Auch Frau Ackermann fällt langsam in sich zusammen. „Vielleicht können wir uns einigen, dass einfach irgendjemand das Amt pro forma übernimmt?", schlägt sie schließlich vor. Eine blonde Mutter hebt die Hand: „Ich mach's, ich muss echt los", und rafft Jacke und Tasche zusammen. Als Stellvertreter wird ein Vater auserkoren, dem schlicht die Kraft zum Widerstand fehlt. Sichtlich erleichtert huschen die Geiseln, nunmehr frei, von dannen. Interessant ist: Das Pro-forma-Arrangement hindert im Laufe des folgenden Jahres die Eltern keineswegs, wegen jeder Kleinigkeit bei den Elternvertretern anzurufen. Wozu sind Elternbeiräte schließlich da?

Elternbeiratswahl, die

Nervenzehrendes Drama, das sich jedes Jahr regelmäßig wiederholt. Per Gesetz muss jede Klasse einen Elternbeirat besitzen –
eine Funktion, die wissende Eltern scheuen wie der Vampir die
Knoblauchplantage.

Nicht Elternvertreter werden, so geht's:

- ➞ Essen Sie vor dem ersten Elternabend des Schuljahres unbedingt ausreichend und nehmen Sie eventuell einen kleinen
  Trinkvorrat mit.
- ➞ Meditationstechniken können helfen, die kritischen Stunden
  der Warterei zu überbrücken.
- ➞ Starren Sie auf einen leeren Fleck an der Wand. Nehmen
  Sie keinesfalls versehentlich Blickkontakt mit der Lehrerin oder anderen Eltern auf. Kommt es zu einem regen Blick-
  austausch, dauert es nicht lange, bis die ersten Eltern eine
  schwache Seele spüren und sich zusammenrotten, um diese zu
  überwältigen.
- ➞ Werden Sie erst als eventueller Kandidat gehandelt, ist es nahezu unmöglich, aus dieser Situation unbeschadet zu entkom-
  men. Als letzte Alternative bietet sich nur die panische Flucht
  mit dem Hinweis: „O mein Gott, so spät, der Babysitter!"

Elternstammtisch, der

Regemäßiges Treffen verunsicherter Eltern, die gerne die Probleme anderer hören möchten, ohne die eigenen preiszugeben.
Da dies nur schwerlich für alle möglich ist, schlafen Elternstamm-
tische nach wenigen Monaten wieder ein. Ihrem ursprünglichen
Zweck werden sie also nicht gerecht. Geht es jedoch darum, Informationen möglichst effizient zu streuen, ist der Elternstammtisch
eine verlässliche Methode, vor allem, wenn es sich um ursprüng-

lich vertrauliche Fragen handelt, die unter dem Gebot der Verschwiegenheit weitergegeben wurden.

ELTERNTYPEN

Logisch, dass in der Schule immer die Lehrer im Vordergrund stehen. Doch es wäre ein Fehler, das Nervensäge-Potenzial anderer Eltern zu unterschätzen: Wenn Frau Müller auf dem Elternabend um 22.30 Uhr zum siebten Mal noch eine Frage hat (irgendetwas fürchterlich Wichtiges, wie die Auswahl des Pausenbrotbelags), wenn der Vater von Andreas unbedingt ein mathematisches Problem erörtern möchte, das wirklich und ausschließlich seinen Sohn betrifft, dann lernen auch friedliche Menschen die Bedeutung des Wortes „Hass" kennen. Ignorieren kann, ja will man die anderen Eltern natürlich trotzdem nicht – mit wem sonst könnte man Schulprobleme durchkauen, die alle Kinderlosen im Freundeskreis vor Langeweile vornüberkippen lassen? Und mit wem sonst wollte man sich solidarisieren, wenn die Klassenlehrerin zum dritten Mal im ersten Halbjahr wechselt?

Mit den folgenden Spezies müssen Sie rechnen:

Schulamtpetzen

Sie sind der Grund, warum Lehrer grundsätzlich mit ihrer privaten Telefonnummer umgehen wie mit der Coca-Cola-Geheimzutat und auf keinen Fall im selben Ort wohnen und unterrichten. Die Schulamtpetzen sind die wahrscheinlich unangenehmste Eltern-Spezies. Ihre Kinder sind grundsätzlich charakterlich über jede Kritik erhaben und sowieso fast schon hochbegabt. Soziales Fehlverhalten wird von den anderen Kindern provoziert. Die Schule ist ganz klar ein Dienstleistungsbetrieb, der von ihren Steuern bezahlt wird und der deshalb gefälligst zack-zack zu spuren hat.

Gespräche mit der Lehrerin lehnen sie ab, unterhalb der Direktorialebene sind doch sowieso nur Gehirnamputierte unterwegs!

Weil aber auch die Direktorin/der Direktor nach dem dritten Gespräch die Telefonnummer erkennt und den Anrufbeantworter vorschickt, gehen die Schulamtpetzen gerne auch eine oder zwei Ebenen höher. Lukas schreibt eine ungerechtfertigte Drei? Anruf beim Schulamt. Lukas muss den Sitzplatz wechseln? Anruf beim Schulamt. Lukas muss nachsitzen? Das ist ein Fall für das Kultusministerium. Die Petzen stehen quasi mit dem Telefonhörer schon bei Fuß, die Nummer des Schulamts ist bereits drei Wochen nach Einschulung in der Kurzwahl eingespeichert. Die Lehrerin Frau Meyer / der Lehrer Herr Sauber gehören sofort einer Disziplinaruntersuchung zugeführt! Jawoll!

Das Gute an diesen Eltern ist: Sie sind schnell weg. Spätestens nach zwei Jahren entscheiden sie sich für eine andere Grundschule und klagen sich notfalls den Weg dorthin frei. Auch auf dem Schulamt weiß man sie oft einzuschätzen – irgendwie fällt es ja schon auf, wenn sich nur ein Elternpaar über die Lehrerin beschwert, das dafür aber umso eifriger.

Mit anderen Eltern ist das Verhältnis auch nicht gerade rosig. Gelingt es, sie ins Lager der Schulamtpetzen zu ziehen, können sich durchaus kurzfristige Allianzen ergeben. Langfristig kranken diese jedoch daran, dass die Schulamtpetzen keine Kritik an ihrem Verhalten dulden. Wer nicht für sie ist, gehört zum Feind. Außerdem sind alle anderen Eltern, vor allem aber die Elternbeiräte, feige Weicheier, die sich nicht trauen, ihre Interessen durchzusetzen und vor den Behörden kuschen. Schulamtpetzen sind daher oft einsam und sitzen auf Klassenveranstaltungen gerne als Märtyrer-Mahnmal herum.

Lieblingssatz/Erkennungsmelodie: „Die Frau Schneider wird mich noch kennenlernen, die kann sich schon mal ganz warm anziehen!"

Kompatibel mit: Niemandem. Alle anderen sind ja doof und müssen dringend mal verpetzt werden.

Die Hand-Gefilzten (auch Jutesack-Träger)

Man muss ihnen zugutehalten: Ihre Feindbilder sind ideologisch und politisch einwandfrei: Süßigkeiten, Zucker und Polyacryl sind Teufelswerk, das es von den Kindern fernzuhalten gilt. Dies gelingt ihnen zuhause so erfolgreich, dass die Blagen jeden Tag beim Bäcker vor der Tür lungern und darauf hoffen, ein Brause-Bonbon geschenkt zu bekommen. Äußerlich kann man sie gut erkennen, denn sie tragen gerne selbstgestrickte Wollpullover, bei deren Anblick sofort der Juckreiz einsetzt. Vor allem aber macht ihr missionarischer Eifer auch vor anderen Eltern nicht halt. Mit Sätzen wie „Ich esse gerne bei McDonald's" kann man sie jedoch nachhaltig abschrecken. An der Krankheitsfront sind die Hand-Gefilzten intensiv vertreten, denn Allergien und Hautausschläge werden als ideologisch korrekte Reaktion auf Umweltgift und die Gedankenlosigkeit aller anderen gewertet. Oder anders gesagt: Wer keine Allergien hat oder folgenlos ein Riesen-Menü von McDonald's verdrücken kann, ist einfach nur unsensibel.

Achtung: Jutesack-Träger sollte man niemals, wirklich NIE-MALS das berühmte Kuchen-Buffet bestücken oder Plätzchen backen lassen. Das staubige Zeug – mit GUTEM Honig und natürlich ohne all die bösen Sachen, die lecker schmecken – ist in der Regel ungenießbar.

Auf Elternabenden und anderen Besprechungen bestehen sie gerne darauf, dass nur biologisch vollwertige Zutaten verwendet werden, empfehlen ungefragt die Verwendung von Waschnüssen. Wichtig ist ihnen, dass die Kinder sensorisch gefördert und auf keinen Fall irgendwelchem Stress ausgesetzt werden. Krankheiten werden in diesem Milieu ausschließlich mit homöopathischen Mitteln bekämpft, auch wenn es sich dabei um Streptokokken handelt. Noten sind abzulehnen. Aus ihren Reihen rekrutieren sich gerne Waldorf'sche Buchstabentänzer.

Lieblingssatz/Erkennungsmelodie: „Ist da Industriezucker drin?" Und: „Marvin ist auf Dosen-Mandarinen allergisch."

Kompatibel mit: Lehrerversteher und Hand-Gefilzte kommen unter Umständen gut miteinander aus. Beide Gruppierungen legen sich so richtig ins Zeug, um alles richtig zu machen, sodass sich hier durchaus Überschneidungen ergeben.

Die Lehrerversteher

Elterntypus, der sich durch permanentes Verständnis für die Lehrer auszeichnet und den Konflikt mit dem Lehrkörper scheut wie der Papst das Puff. Lästereien über Lehrer sind im Beisein der Lehrerversteher nicht empfehlenswert. In der Regel handelt es sich hier um eine Spezies von Eltern, deren Kinder entweder in der Schule durch besonders gute Leistungen glänzen oder grottenschlecht abschneiden. In diesem Fall versprechen sich die Lehrerversteher eine Vorzugsbehandlung. Diese Mimikry wird jedoch in Lehrerkreisen nur begrenzt belohnt, weil sich niemand gerne mit Schleimern umgibt. Da die Lehrerversteher allerdings oft zusätzliche Frondienste übernehmen, werden sie in der Regel toleriert.

Lieblingssatz/Erkennungsmelodie: „Ich kann die Lehrer ja schon verstehen ..."

Kompatibel mit: Unter Umständen mit den Hand-Gefilzten (s. o.). Sobald Lehrerversteher den Raum betreten, verstummen in der Regel alle interessanten Gespräche.

Die Bildungs-Überbeflissenen

Welches Lernziel strebt die Chinesisch-AG an? Wie steht die Lehrkraft zur Butterfly-Theorie? Ist nicht längst erwiesen, dass man Mathematik mit der Kumon-Methode viel schneller lernt? Fragen wie diese liegen den Bildungs-Überbeflissenen ganz arg am Herzen. Aus Prinzip misstrauen sie jedem Wissensvermittler, der seine Qualifikation nicht mit einem Nobelpreis belegen kann: Schön, dass sich die südafrikanische Mutter eines Erstklässlers gleich noch in einer AG im Englischunterricht engagiert – aber bekommen die Kinder so nicht einen völlig falschen Akzent? Werden sie am Ende gar benachteiligt sein oder sogar in ihrer weiteren Entwicklung gehemmt? Und sind die Lehrer wirklich gut genug, um Sven-Tabeus oder Lina-Mare zu unterrichten? Den Bildungs-Überbeflissenen ist das Beste nur gut genug. In der Regel sind sie daher im regulären Schulbetrieb nur zu finden, wenn die nächste Privatschule mehr als hundert Kilometer entfernt liegt. Den Kontakt zu normalen Eltern lehnen die Bildungs-Überbeflissenen ab, stürzen sich aber auf Gleichgesinnte wie ein Wüstenwanderer auf eine Regenpfütze. Schnell ist man sich einig, dass die anderen Eltern einfach keine Ahnung haben, sich sowieso nicht ausreichend um die intellektuelle Entwicklung kümmern und eigentlich gar nicht in der Lage sind, in pädagogischen und bildungspolitischen Fragen eine eigene Meinung zu vertreten. Da sich die Bildungs-Überbeflissenen keine große Mühe geben, diese Haltung zu verheimlichen, sind sie extrem unbeliebt.

Einsicht ist nahezu unmöglich – immerhin geht es hier um die Zukunft ihrer hochbegabten Sprösslinge! Dass diese gefördert werden müssen, versteht sich von selbst – sie treten ja gegen 1,3 Milliarden Chinesen an.

Lieblingssatz/Erkennungsmelodie: „Julia-Marie soll später im internationalen Wettbewerb eine Chance haben. Wir kümmern uns daher jetzt schon um einen akzentfreien Spanisch-Unterricht."

Kompatibel mit: Kurze Allianzen mit den Schulamtpetzen sind möglich, kranken aber daran, dass beide Seiten insgeheim glauben, der anderen überlegen zu sein.

Die Langsamen

Es ist nicht so, dass sie alle zwingend dumm wären. Aber auf Elternabenden haben sie immer noch eine Frage. Und noch eine. Und eine aller-allerletzte, die jetzt unbedingt geklärt werden muss. Sie müssen ganz genau diskutieren, ob man nicht doch auch die Hefte mit der Lineatur 23 anstatt 24 benutzen kann, weil doch der Noah so gerne über den Rand malt, was ja schon sein großer Bruder damals, also, als er noch in der Grundschule war, bei der Frau Bayer, und die hat das ja nie gestört ... Während alle anderen Eltern schon das Kinn auf die Brust sinken lassen und sich der große Zeiger gefährlich der elf nähert, sind die Langsamen noch fleißig am Mitschreiben.

Lieblingssatz/Erkennungsmelodie: „Können wir denn nicht auch ...“

Kompatibel mit: Die Langsamen selbst hegen wenig Aversionen und werden in der Regel von anderen Eltern toleriert, sofern sie das Ende des Elternabends nicht bis nach 23 Uhr verschleppen.

Die Bildungsfernen

Traditionell auch als asozial bezeichnet, wobei letztere Vokabel nicht politisch korrekt und damit auch nicht Elternabend-tauglich ist. Den Bildungsfernen ist die Schule völlig wurscht. Schön, wenn es dem Kind gefällt, ansonsten weiß man die Betreuungsvorteile zu schätzen, die so eine Grundschulzeit mit sich bringt. Eigens für die Bildungsfernen wurde die Schulisch-Vokabel „Aktivierende Elternarbeit“ geschaffen. Gemeint ist damit das insistierende In-den-Hintern-Treten von Eltern, die sich morgens das Frühstück sparen („Mal wieder spät geworden gestern.“ Oder: „Die Susi frühstückt doch sowieso nie.“), ihre Blagen im tiefsten Winter ohne Jacke aus dem Haus lassen und es auch nach zwei Schuljahren nicht schaffen, ihrem Kind am richtigen Tag das passende Sportoutfit mitzugeben oder zum Beginn des Schuljahres die richtigen Hefte zu kaufen.

Lieblingssatz/Erkennungsmelodie: „Kevin schaut am liebsten DSDS.“

Kompatibel mit: Niemandem, was aber nicht weiter auffällt, da diese Eltern sowieso nie in Erscheinung treten, es sei denn, der Filius tritt beim Gesangswettbewerb des Sommerfests auf.

Die Unschuldigen

Susi ist eigentlich eine ganz Sensible. Zumindest glauben ihre Eltern das. Nur deshalb tritt und schlägt sie andere Kinder! Die Unschuldigen quatschen sich die schlimmsten Verfehlungen schön oder leugnen einfach alles ab. Benni kann halt seine Kraft noch nicht so recht einschätzen oder hat das einfach nicht böse gemeint mit dem Bauchtritt. Außerdem lässt er sich so einfach ablenken. Die Kinder von Unschuldseltern sind niemals an irgendetwas schuld. Nie! Schreiben sie sich das hinter die Ohren!

Eine Untergruppe der Unschuldseltern sind die *Attest-Sammler*: Klappt es in der Schule nicht so, wie gewünscht, bringen sie schubkarrenweise Atteste aus kunterbunten Quellen: von der Fehlsichtigkeit bis zu Konzentrationsstörungen, von Hörproblemen bis zu orthopädischen Schwachstellen. Letztere sollen verhindern, dass das Kind beispielsweise an der Seite der Tischreihen oder an der Schrägseite der Gruppentische sitzt. Je nachdem, wie geschickt die Attest-Eltern diese Joker ausspielen, ergibt sich aus der richtigen Kombination von Fehlsichtigkeit, Rückenproblemen, Hörschaden und sozialen Gesichtspunkten (Fabian mobbt den Julian immer so, da kann der nicht sitzen!) zwangsläufig ein Platz in der ersten Reihe direkt vor dem Lehrerpult. Alternativ werden schlechte Deutsch-Noten per offizieller Rechtschreibschwäche ausgehebelt.

Lieblingssatz/Erkennungsmelodie: „Julian braucht unbedingt einen Platz in der ersten Reihe."

Kompatibel mit: Allen anderen Eltern, solange sie nicht die besten Plätze im Klassenzimmer wegschnappen oder mit einem echten Leiden ihren Nachkömmlingen Konkurrenz machen.

Die Aktiven

Kuchen backen? Einen Ausflug begleiten? Das Adventskränzchen vorbereiten? Die Aktiven sind überall dabei, übernehmen klaglos alle Aufgaben und freuen sich dabei auch noch, dass es ihnen vergönnt ist, einen sinnvollen Beitrag zu leisten. Lehrer mögen aktive Eltern. Was sie nicht mögen: Die Aktiven brüsten sich gerne mit ihrem Engagement und kennen kein anderes Thema als ihre selbstlose Hingabe in allen Schulangelegenheiten, die mitunter im Gespräch eine klitzekleine Aufwertung erfährt. Logisch, dass der Direktor ohne die Mitarbeit der Aktiven die Schule dichtmachen könnte – meinen die Aktiven selbst.

Lieblingssatz/Erkennungsmelodie: „Kein Problem, das übernehme ich …"

Kompatibel mit: Lehrerversteher und Aktive verstehen sich meist recht gut, können aber auch zu Konkurrenten um die Lehrergunst werden.

Die Normalen

Es gibt sie wirklich. Allerdings sind sie aufgrund von Mimikry-Leistungen nur schwer zu erkennen. Sie schicken ihre Kinder zur Schule, kümmern sich um die Hausaufgaben, kennen aber auch noch andere Lebensinhalte. Sie wissen die Telefonnummer des Schulamts nicht und machen mit einem Seufzen jede seltsame Marotte der Klassenlehrerin mit, solange die Noten einigermaßen stimmen.

Vordergründig sind sie ideologisch und ökologisch gefestigt. Erst wenn man sie länger kennt, gestehen sie, dass zuhause durchaus Tiefkühl-Pizza auf den Tisch kommt und dass sie die Lehrerin noch nie leiden konnten.

Lieblingssatz/Erkennungsmelodie: „Lass mal, es lohnt sich nicht, so einen Tanz zu veranstalten, die Susi kommt doch bald aufs Gymnasium …"

Kompatibel mit: Niemand weiß es so ganz genau, denn die Normalen legen wenig Wert auf Schulkonflikte. Sicher ist: Bei Schulamtpetzen und Lehrerverstehern gehen sie gleichermaßen auf Abstand.

Elternzeitschriften, die

Diese Magazine haben viele gute Tipps. Zum Beispiel, wie man sich richtig auf den Elternabend vorbereitet oder welche Pausenbrote besonders lecker und gesund sind. Leider steht in ihnen aber so gut wie gar nichts darüber, was man macht, wenn sich das Kind mit dem asozialsten Balg befreundet. Oder nachhause kommt und die zweite Klasse mit dem charmanten, verbalen Neuerwerb „Fotze" einläutet. Oder was man machen soll, wenn die Klassenlehrerin doof wie Stroh ist. Oder, genauso schlimm: die Klassenlehrerin total nett ist, aber die anderen Eltern irgendwie nicht ganz knusper.

Englischunterricht, der

Alibi-Unterricht, der die Wettbewerbsfähigkeit der Kinder im internationalen Berufsumfeld verbessern soll. Problematisch ist: Es gibt längst nicht genug Lehrerinnen, die mehr als eine ungelenke Tanz-Version des Songs „Head, Knees And Toes" beherrschen. Oder anders gesagt: Hett kniehs ent toohs ... Der aktive Wortschatz nach vier Jahren Unterricht beschränkt sich daher meist auf eine Handvoll Zootiere, Farben und viele, viele Körperteile. Außer natürlich, das Kind besucht eine private, bilinguale Schule. Für rund 1 000 Euro im Monat bekommt man dann auch einen ganzen Schwung akzentfreier Vokabeln dazu.

Erfolgsdruck, der

Böses Wort! Streichen Sie es sofort aus Ihrem Wortschatz. Er macht drogenabhängig, krank, hyperaktiv, asozial ... und manchmal auch erfolgreich, aber das sagen Sie lieber nicht laut.

Ersatzunterricht, der

Im Falle von Erkältungen oder → Schwangerschaft fallen Lehrerinnen mitunter recht lange aus. Dann müssen Ersatzkräfte antreten, die jedoch keinen regulären Unterricht erteilen, d. h. im Stoff nicht voranschreiten dürfen. In der Regel werden Schüler dauerkranker Lehrkräfte daher zu versierten → Mandala-Malern.

Federmäppchen, das

Schlamper oder pedantisch einsortierte Stifte? Ein-, zwei- oder dreilagig? Und welche Stifte sind kindgerecht? Welches Motiv ist pädagogisch vertretbar? Ja, lohnt es sich überhaupt, ein gefülltes Mäppchen zu kaufen, wenn spätestens am ersten Schultag eine lange Liste der erforderlichen Utensilien inklusive Markenname ausgegeben wird, von denen natürlich keine einzige im Mäppchen vorhanden ist? Die Kurzantwort lautet: Nein!

Feinmotorische Störung, die

Pädagogendeutsch für „Sauklaue"

Fibel, die

Leselernhilfe von anno dazumal, die keine kreative Freiheit für eigene orthographische Wortschöpfungen lässt. Heute nicht mehr in Gebrauch.

Filzen, das

Ideologisch besonders wertvolles Hobby, das auch Frauen mit vielen Kindern gut betreiben können.

Förderunterricht, der

Eine Art von schulinterner Nachhilfe, die bei Einschulung gerne vollmundig gelobt und gepriesen wird, spätesten im zweiten Schuljahr aber sang- und klanglos aus Kostengründen in der Versenkung verschwindet. Kinder mit Förderbedarf sind daher gut beraten, sich rechtzeitig eine wohlhabende Familie zu suchen, die sie adoptiert.

Förderverein, der
Unerlässliche Vereinigung genervter Eltern, die die Finanzierung überflüssiger Dinge übernimmt, wie anständige Toiletten, die Renovierung der Turnhalle oder die Absicherung des Förderunterrichtes.

Freie Arbeit, die
Machen, was man will. Diese kurze Definition wird in pädagogischen Kreisen jedoch nicht gerne gesehen. Es gibt daher allerhand theoretische Konzepte, wie man die Schüler und Schülerinnen dazu anleiten kann, zu machen …, na ja …, was sie wollen. Die freie Arbeit wird besonders von vom Burn-out bedrohten Lehrern geschätzt, die diese Aufsichtsstunden als erholsame Abwechslung willkommen heißen. Der Vorbereitungsaufwand ist überschaubar. Auch als Freiarbeitsphase bekannt. Die Freiarbeit ist damit für den Lehrer frei von jeglicher Belastung und hat so ihren Namen erhalten.

In Schulprospekten und offiziellen Dokumenten versteckt sie sich hinter Formulierungen wie: „Die Hilfe des Lehrers soll nur dann in Anspruch genommen werden, wenn es unbedingt notwendig ist. Auch bei der Korrektur der erledigten Aufgaben steht die Selbstkontrolle des Schülers im Vordergrund." Interessant ist: Immerhin rund 500 Grundschulen verwenden sie auf ihrer Webseite. Ob es da einen Text-Bausteinkasten „Fortschrittliche Grundschulen – schnell zur eigenen Homepage" gibt?

Fremdsprachenunterricht, der

Je nach Interpretation eine Methode, um den kleinen Sven-Olaf oder die kleine Mette-Marie rechtzeitig an das richtige Leistungsdenken zu gewöhnen und für karrierefördernde Internationalität zu sorgen. Besonders Chinesisch gilt als vielversprechend, da es beide Gehirnhälften fordert.

Alternativ vertreten Eltern gerne auch die konträre Haltung, dass früher Fremdsprachenunterricht als teuflisches Komplott nur erfunden wurde, um den Grundschülern die Kindheit zu rauben. Die Vermittlung zwischen beiden Extremen gehört zu den Aufgaben, die Grundschullehrer grundsätzlich fit halten und auch nach vielen Jahren für spannende Gespräche auf Elternabenden sorgen. Eltern mit moderater Haltung sollten beim Erstkontakt mit fremden Eltern erst einmal vorsichtig nachfragen, welchem Lager der neue Gesprächspartner zuzuordnen ist, bevor sie Interesse an einem Fremdsprachenkurs zeigen.

Freundschaften, die

Freundschaften sind für die Entwicklung des Kindes unerlässlich. Grundschuleltern tun daher alles, um den zarten Keim von Freundschaften zu fördern, zum Beispiel die spröden Eltern von Tim zum Grillen einladen, mit der langweiligen Mutter von Armin Kaffee trinken und stundenlang mit Menschen quatschen, mit denen man ohne Kind kein Wort gewechselt hätte.

Dummerweise können sich die Freundschaftskonstellationen innerhalb von Tagen ändern. Während sich der Nachwuchs bereits mit völlig anderen Kindern amüsiert, muss man noch die Gegeneinladung für die Eltern von Susi abfrühstücken. Unter dem Protest des Kindes, das Susi mittlerweile kein bisschen mehr leiden kann. Genauso bedauerlich ist: Freundschaften lassen sich nur selten gezielt anbahnen. Gut möglich, dass die nett wirkende Mutter von Marla niemals zum Kaffee kommen wird.

Freundschaftsbücher, die

Eine Sonderform der Frondienste sind die Freundschaftsbücher, eine Weiterentwicklung der Poesiealben, wie sie ältere Eltern noch aus der eigenen Kindheit kennen. Anstelle weißer Seiten heißt es hier jedoch, vorgedruckte Fragen beantworten. Eltern, die nicht willens sind, der Nachwelt peinliche Auswüchse der Rechtschreibschwäche ihrer Kinder zu hinterlassen – was, wenn die Tochter mal Bundeskanzlerin wird? –, sitzen regelmäßig abends noch am Küchentisch und würgen sich daher spannende Antworten auf so wichtige Fragen wie „Was ist die coolste Band?", „Was kannst du gar nicht leiden?" raus. Spätestens bei „Das wünsche ich dir" muss man sich ziemlich zusammenreißen, nicht „Die Pest, weil du mir das fünfte Freundschaftsbuch in drei Tagen beschert hast" zu schreiben.

Lieblingsfarbe: _Helblau_
Lieblingstier: _Hase_
Hobbys: _Seilschbringen_
Lieblingsgericht: _eis_
Ich bin ein Fan von: _SaiKinra_
Mein liebster Song: _WaKa_
Lieblingsbuch: _KüsdenFrosch_
Was ich gar nicht mag: _Lügen Krazen Beisen_
Das kann ich besonders gut: _Lesen Rechnen_
Was ich einmal werden möchte: _Lererin_
Das schönste Erlebnis, das ich je hatte: __
Das wünsche ich dir: _Filg Lük_

Einen Vorteil haben die Freundschaftsbücher dann aber doch: Es ist wirklich tröstlich zu sehen, dass selbst die angeblich so fleißige Susanne drei Häuser weiter keinen Satz ohne Fehler fabrizieren kann.

Frontalunterricht, der

ist das Allerletzte. Ganz ohne spielerische Elemente, Spaßfaktor, Bewegungssequenzen oder freie Assoziationen? Im SITZEN? Am Ende gar still und 45 Minuten am Stück? Geht gar nicht! Outen Sie sich niemals, wirklich niemals als Freund des Frontalunterrichts. Er lässt Kinderhirne veröden und traumatisiert sie für immer. Außerdem, mal ehrlich, das viele Wissen passt da doch sowieso nicht rein, oder?

Geburtstag, der

Stressigster Tag des Jahres, dessen Ende von betroffenen Eltern abends meist mit Schnaps oder anderen Alkoholika begangen wird.

Während sich das Geburtstagsfest in der Familie meist unkompliziert gestaltet, heißt es sich für die Geburtstagsfeier im Kreis der Grundschulfreunde mit einer Reihe wichtiger Fragen auseinanderzusetzen:

- Ernährungsregeln. Wer hat welche Nahrungsmittelintoleranz? Allergien? Abneigungen? Religiöse Tabus? Lebensmittel mit Ei, Nüssen, Laktose und Schweinefleisch sollten unbedingt klar ausgezeichnet werden!
- Geschenkemanagement. Wohin mit den Geschenken? Wann werden sie geöffnet? Wie verhindert man, dass sie noch vor dem Auspacken zu Brei gehauen werden?
- Wer kümmert sich um die Flüchtigen, also all jene, die nach drei Runden Sackhüpfen beschließen, das sei Kinderkram, und einfach ohne weitere Ansagen nachhause gehen?
- Wo ist der Erste-Hilfe-Kasten? Wo ist der nächste Arzt? Wo ist die Liste mit den Handynummern der Eltern? Es gilt die eiserne Regel: Nur Kinder, deren Eltern nicht erreichbar sind, verletzen sich.
- Wo kann man den Schatz für die Schatzsuche verstecken, ohne dass er zwischen Start und Ende der Suche geklaut wird?
- Darf man auch Kinder aus der Nachbarklasse oder Kindergartenfreunde einladen, ohne total uncool zu sein?

Der Verhaltenskodex als Gast ist weitaus einfacher: Nicht mal um das Geschenk muss man sich mehr kümmern. Gutscheine für einen Elektronikgroßhändler werden gerne genommen, vor allem, wenn die Eltern des Geburtstagskindes bisher erfolgreich Handy, Wii und Nintendo verhindern konnten. Findige Kinder geben auf der Einladung vor, welche Gutscheine genehm sind. Selbstverständlich handelt es sich dabei um einen Laden am anderen Ende der Stadt. Andere Jubilare lassen beim Spielzeughändler ihres Vertrauens einen Geburtstagskorb zusammenstellen – vom Prinzip her nichts anderes als ein Hochzeitstisch. Hier heißt es möglichst schnell zuschlagen, bevor nur noch der Lego-Star-Wars-Todesstern für 298 Euro drin ist!

Gegenseitige Kontrolle, die
Schult nicht nur das Verantwortungsbewusstsein, sondern fördert auch die Toleranz gegenüber den Fehlern anderer.

Gemeinschaftsgefühl, das
Idealzustand, in dem die Klasse zusammenhält und alle Mitglieder integriert sind. Dieses Ideal tritt jedoch frühestens Ende der vierten Klasse ein, also kurz vor dem Übertritt in die weiterführende Schule, wenn den Schülern dämmert, dass sie ihre doofen Klassenkameraden gegen unbekannte Größen werden eintauschen müssen und für absehbare Zeit wieder die Kleinsten der Schule sein werden.

Gemüsesuppe, die

Die Gemüsesuppe ist ein wichtiges Element der Grundschulpädagogik: Mindestens dreimal im Verlauf der vier Grundschuljahre bereiten die Kinder gemeinsam eine Suppe zu, die sie dann gemeinsam nicht essen. Soziologisch, pädagogisch und ernährungswissenschaftlich eine lobenswerte Methode, den Lehreralltag mit einigen Freistunden aufzulockern. Unter der Ägide von engagierten Müttern (Gemüsesuppe kann jeder!) lassen sich auf diese Weise gut zwei volle Stunden überbrücken. Der Bonus-Track: Auch Kinder aus total verwahrlosten Haushalten kommen so auch mal in den Genuss von Gemüse, das nicht aus der Dose stammt.

Geräuschpegel, der

Genaue statistische Angaben gibt es nicht, sicher ist aber: Ein Großteil älterer Lehrerinnen leidet unter erheblichen Hörschäden, die auf die akustischen Dauerbelastungen am Arbeitsplatz zurückzuführen sind. Grundschulkinder scheinen unfähig, längere Passagen der Stille zu ertragen. Der tolerierte Bereich liegt bei ein bis zwei Sekunden. Eine ruhige Klasse liegt meist bei rund 50 bis 55 Dezibel, in normalen Unterrichtssituationen, zum Beispiel bei der Gruppenarbeit, sind 75 bis 80 Dezibel durchaus gängig – akustisch stehen Lehrer daher fast den ganzen Tag an einer Hauptverkehrsstraße. Bei Regenpausen im Schulgebäude oder im Speisesaal werden problemlos 120 Dezibel erreicht – was ungefähr so laut ist wie ein Rockkonzert, aber längst nicht so gute Laune macht. Die Firma Phonak bietet daher allen Ernstes ein Mikro-Lautsprecher-Set an, das die Lehrerstimme automatisch an den Geräuschpegel der Klasse anpasst. Die Lehrer selbst tragen natürlich ein Lärmschutz-Kopfhörer. Wer's nicht glaubt: Einfach mal „Dynamic Soundfield" googeln …

Reicht die Portokasse nicht für eine derartige Profi-Ausstattung, tut es auch eine simple Handy-App, mit der sich erkennen lässt, wann es Zeit wird, die Ohrenstöpsel auszupacken oder Frührente zu beantragen.

Geschlechtsspezifisch

Alles Geschlechtsspezifische ist grundlegend abzulehnen! Problematisch ist: Mädchen sind meist dennoch schon weithin an der rosafarbenen Kleidergestaltung zu erkennen, während kein Junge in Rosa oder Hellblau auch nur tot über dem Zaun hängen möchte. Auch die Heftgestaltung unterscheidet sich grundlegend. Bunte Unterstreichungen, kringelige Linien und liebevolles Design sind ausschließlich Mädchensache. Ehrlich. Wird ein Junge mit einer Barbie-Puppe erwischt, drohen ihm mindestens zwei Jahre Schulhof-Isolation. Auch in total offenen privaten Grundschulen.

Geschwister-Geiselhaft, die

Sofern es sich nicht um notorisch renitente Eltern handelt, lässt sich das Aufmüpf-Potenzial streng nach einer einfachen mathematischen Gleichung berechnen: Je mehr kleinere Geschwister, die zukünftig dieselbe Grundschule besuchen werden, desto geringer der Motz-Faktor. Für Lehrer bedeutet dies, dass beim letzten Kind ein erheblich höherer Rebellions-Faktor besteht. Ab drei Kindern setzt jedoch eine gewisse Abhärtung ein. Umgekehrt profitieren auch Kinder aus dorf- oder gar stadtteilbekannten Familien, die als viertes oder fünftes Kind einer Dynastie aus Nachsitzern und Störern eingeschult werden, von diesem Gewöhnungseffekt und müssen nicht mehr viel Mühe auf ihre Street-Credibility verwenden.

Getränke, die

Trinken ist ganz, ganz wichtig. Doch woraus? Simple Recycling-
flaschen sind bar jeglichen Prestiges und stehen nur eine Stufe
über der Capri-Sonne – besser sind lustig gestaltete Metallfla-
schen mit wertvollen Motiven, die ziemlich schwer zu spülen sind.
Die Oberliga, quasi der Porsche der Getränkeflaschen, ist das
Modell Tupperware EcoEasy C136.

Gitarre, die

Sie gehört zur Grundausstattung des Lehrkörpers, wobei vor allem
die wenigen männlichen Grundschullehrer eine besondere Vorliebe
für dieses Instrument entwickeln. Nur Lehrerinnen in der religiö-
sen Erziehung greifen ähnlich oft zur Klampfe. Beiden gemein ist:
Drei Akkorde und ein durchgehender Schrubbelrhythmus reichen
aus, um nicht nur klassenintern das gängige Liedgut reinzuprü-
geln, auch auf öffentlichen Veranstaltungen wie Weihnachtsfeiern
oder Sommerfesten geben sie ihr Können gerne und ausdauernd
zum Besten. Profis lassen sich dabei noch von einigen Kindern auf
der Blockflöte begleiten. Um derartige Vorstellungen zu genießen,
sollte man unbedingt Eltern-Hormone im Blut haben!

Graphomotorische Schädigungen, die

Beschreibt den Zustand, nicht anständig schreiben zu können,
der wiederum durch mangelnde Schwungübungen entsteht.
Umgangssprachlich auch Sauklaue genannt. Die traditionell
daraus abgeleitete Eignung als Mediziner ist übrigens wissenschaftlich nicht belegt.

Handlungsorientiert
Die Kinder machen auch mal was.

Handy, das
Brauchen Grundschüler natürlich noch nicht. Kommt gar nicht in die Tüte! Dummerweise gibt es aber eine ganze Reihe von Kindern, die sogar schon in der ersten Klasse mit einem Smartphone auf dem Schulhof prahlen: Rund ein Zehntel der Sechs- bis Siebenjährigen hat laut einer Studie des *Medienpädagogischen Forschungsverbunds Südwest* eines in der Tasche. Nur Ihres nicht – Männo! Wie soll es denn dann bei all den tollen Chatgruppen mitwirken, über die sich die Kinder Nacktbilder und anderes pädagogisch wertvolles Material schicken?

Hausaufgaben, die
Hobbys werden im Allgemeinen völlig überbewertet. Mütter haben stattdessen Hausaufgaben. Und das ist gut so, denn nur durch rechtzeitige Übung kann man sie an die sorgfältige und ausdauernde Arbeitsweise heranführen, die später am Gymnasium gefragt ist.

Hausaufgabenheft, das
Es gibt sie in rauen Mengen, mit Star-Wars-Figuren auf dem Einband, mit Pferden oder My little Pony, in dick oder dünn, mit Wochentagen und ohne ... Derartig kommerzielle Ware lehnen viele Lehrer jedoch ab.

Eltern unterschätzen die Bedeutung des Hausaufgabenhefts gerne. Doch Achtung! Hier, und nur hier findet die Kommunikation zwischen Schule und Eltern statt. Es lohnt sich daher, ab und zu einen Blick hineinzuwerfen und nach Anmerkungen zu suchen. Eventuelle → Post-its mit wichtigen Mitteilungen finden sich eventuell auch zusammengeknüllt am Boden des Ranzens. Die Datierung erweist sich in solchen Fällen mitunter als etwas schwierig: „Bitte kontaktieren Sie mich umgehend!" – Nur wann? Stammt die Botschaft am Ende schon aus dem letzten Schuljahr?

DIE OFFIZIELLE LINIE

„Als Hausaufgabenheft verwenden wir ein einfaches DIN-A5-Heft, kariert – die kleine Variante – und ohne Rand!" Frau Ackermann blickt ein wenig streng über den oberen Brillenrand in die Runde. „DIN A5, kariert, dick, kein Rand", schreiben wir Eltern fleißig mit. Die gründlichen unterstreichen „ohne Rand". Nicht dass man am Ende was falsch macht. Es soll im letzten Schuljahr Eltern gegeben haben, die sich eigenmächtig über diese Vorgaben hinweggesetzt haben, munkelt man ... Das muss Frau Ackermann in diesem Jahr unbedingt verhindern! „Mit gelbem Umschlag bitte, und achten Sie darauf, dass das Heft nicht zu dünn ausfällt." Die schüchterne Frage einer Mutter, ob denn nun das bereits gekauft Hausaufgabenheft damit hinfällig sei, muss die Lehrerin mit vorgetäuschtem Bedauern bejahen. Pädagogisch wertvoll ist das nämlich nicht, wenn die Kinder Datum, Wochentag und sogar Fächer vorgedruckt bekommen. Wie sollen die I-Tüpfelchen denn ein Gefühl für Zeit und Raum bekommen, wenn man ihnen alles vorkaut? In Mittelhausen werden die Kinder zur Selbstständigkeit erzogen. Jawoll!

Problematisch ist allerdings: Bis dahin und noch viele Wochen ins Schuljahr hinein sind die neuen Erstklässler Analphabeten. Wochentage, Daten und dergleichen erschließen sich ihnen nicht. Selbst der gerade Strich erfordert in vielen Fällen, dass man die Zunge zwischen die Zähne klemmt und heftig atmend mit dem Bleistift so wild am Lineal entlangfräst, dass es gut zehn Seiten durchdrückt.

Wenig überraschend liegt einige Tage später ein kleiner fotokopierter Zettel im Hausaufgabenheft: „Liebe Eltern, bitte bereiten Sie das Heft für Ihr Kind vor. Ziehen Sie auf jeder Seite einen zwei Zentimeter breiten Rand mit dem Bleistift (alle Seiten, auch an der Innenseite), unterteilen Sie die Seiten in jeweils drei gleich große Abschnitte und schreiben Sie fortlaufend die Wochentage Montag bis Freitag inklusive Datum hinein. Bitte beachten Sie die Ferientermine!"

Mensch Ackermann, möchte man ihr zurufen, diese Hefte kann man fertig kaufen! FERTIG KAUFEN! Soll ich denn stundenlang am Küchentisch sitzen und Striche ziehen, Kalender abschreiben und fluchend den ganzen Mist wieder ausradieren, weil ich mal wieder einen Samstag oder Sonntag fälschlich eingetragen habe? – Ich soll. Gute Mütter machen so was. Gute Mütter kramen dann NICHT das gekaufte Hausaufgabenheft aus dem Papiermüll und geben es dem Kind mit. Woher ich das weiß? Es ist furchterregenderweise nicht das erste Jahr, dass sich diese Geschichte zuträgt. Und, wie sich zwölf Monate später herausstellt, auch nicht das letzte Mal ...

Hausaufgabenschwäche, die

Spätestens bei Temperaturen über 20°C oder bei Schneefall tritt bei Grundschulkindern die Hausaufgabenschwäche ein. Zu den Symptomen zählen: die Unfähigkeit, den Kopf gerade zu halten, Verkrümmungen der Wirbelsäule und ein Dauer-Jammerton, der jede Konzentration unmöglich macht.

Hausaufgabenverweigerung, die

Sie tritt ein, wenn Eltern wenigstens am Wochenende ihre Ruhe haben wollen und sich standhaft weigern, den Sonntagnachmittag mit ihren Sprösslingen am Schreibtisch zu verbringen. Chronische Hausaufgabenverweigerung kann zu einer empfindlichen Notenverschlechterung führen.

Hausmeister, der

Sie sind die Dompteure der launischen Heizungsanlage, die Herren des Getränkeautomaten, die Meister der Parkplätze und wahrscheinlich die abgebrühtesten Gestalten unter Gottes Sonne. Wiederkehrende Alpträume von verstopften Toiletten stören oft noch bis weit über das Pensionsalter hinaus ihren nächtlichen Schlaf.

Hausschuhgebot, das

In vielen deutschen Schulen tragen die Kinder während des Unterrichts Hausschuhe. Das klingt ziemlich kuschelig und heimelig, fast so, als wären die Kinder in der Schule zuhause. Außerdem sehen die Reihen von durcheinanderpurzelnden Kinderschuhen vor den Klassenzimmern herzallerliebst aus. Wer je versucht hat, coole Hausschuhe in Größe 40 zu finden, vorzugsweise hinten geschlossen, damit man damit gut kicken kann, oder rosafarbene Schuhe mit Glitterapplikationen der gleichen Größe, sieht das Hausschuhgebot allerdings mit anderen Augen. Heißt es zudem noch in der Nachmittagsbetreuung ebenfalls Hausschuhe tragen, kann der Beschaffungsstress zu Heulkrämpfen und Psychokrisen führen. Bei Kindern und Eltern gleichermaßen. Die Alternative, in die viel zu kleinen Schuhe des letzten Jahres einfach vorne ein großes Loch zu schneiden, wird von Kindern und Schulleitung nicht gut angenommen.

Könner kaufen daher schon in der ersten Klasse nicht nur die aktuell passende Größe, sondern auch die nächsten drei Größen gleich mit.

Blöd ist dann allerdings, wenn der kleine Emil nach vier Wochen Supermann ziemlich doof findet, aber trotzdem bis zum Ende der Grundschulzeit mit Supermann-Schlappen herumlaufen muss.

Heulkrampf, der

Ultimatives Mittel, jegliche Schuld von sich zu weisen. Bei einer Kombination von schnellem Zuschlagen und sofortigem Heulkrampf während einer Schulhofschlägerei kann es bis zu zwei Jahre dauern, bis die Klassenlehrerin ihren Pappenheimer richtig einzuschätzen lernt. Weil dann jedoch meist ein Lehrerwechsel erfolgt, bleibt der Heulkrampf ein beliebtes und effizientes Mittel der Schuldabweisung.

Hitzefrei, das

Dank des Konzepts der verlässlichen Schule gehört Hitzefrei eigentlich der Vergangenheit an. Rechtlich liegt es in der Verantwortung des Schulleiters, ob Hitzefrei gegeben wird.

Hochbegabung, die

Kinder mit einem IQ über 130 gelten als hochbegabt. Alternativ kann es auch reichen, wenn die Eltern mit einem überdurchschnittlichen Ehrgeiz geschlagen sind und ihr Kind so lange testen lassen, bis sich eine Fachkraft findet, die die Hochbegabung bestätigt. Lehrkräfte, die sich gegen dieses Etikett wehren, sind a) grundsätzlich zu dumm, um die Hochbegabung zu erkennen, oder sogar b) neidisch, weil ihr eigenes Kind nicht hochbegabt ist.

Logisch, wenn die doofe Kuh nicht mal den Eugen als hochbegabt erkennt, dann kann ja aus dem Lehrerkind auch nix werden.

Höchstverweildauer, die

Kinder, die nach dem → JÜL-Prinzip unterrichtet werden, können eigentlich nicht mehr sitzenbleiben. Aber was, wenn sich so gar keine Fortschritte einstellen? Dann greift die Höchstverweildauer: In manchen Ländern ist nach fünf Jahren, in anderen nach sieben Jahren Schluss mit Grundschule. Interessant ist in diesem Zusammenhang der Unterschied zwischen „verbleiben" und „verweilen": Am Ende des dritten Jahres können die Schüler nicht in der Gruppe verbleiben, sondern nur verweilen. In diesem Fall wird das zusätzliche Schuljahr bei der Berechnung der Schulbesuchsjahre berücksichtigt und damit auch bei der gesetzlichen Mindestschulzeit (10 Jahre) angerechnet. Wetten, für diese Lösung hat sich irgendjemand im Kulturministerium richtig lange und teuer Gedanken gemacht?

Hort, der

siehe auch → Nachmittagsbetreuung

IGLU, die

Wenn Sie bei diesem Wort noch an den Nordpol und seine Bewohner denken, dann ist Ihr Kind wahrscheinlich gerade erst eingeschult worden. Die Abkürzung steht für Internationale Grund-
schul-Lese-Untersuchung und sorgte für mächtig viel Aufregung
in der Bildungswelt. Wie schon 2001 und 2006 ging es bei IGLU
2011 darum herauszufinden, ob und wie weit die Schüler einer
repräsentativen Stichprobe von 4000 Viertklässlern an 197 Schulen in der Lage waren, Texte zu verstehen. Da dieselbe Studie
als PIRLS (Progress in International Reading Literacy Study) in
46 Ländern durchgeführt wurde, musste man in Deutschland mit
großem Erschrecken feststellen, dass sich das Land der Dichter
und Denker zwar im oberen Drittel befindet, nicht aber in der
Spitzengruppe. Seither wird heftig diskutiert, wie es zu diesem
wiederholten Patzer kommen konnte.

Individueller Lernzuwachs, der

Manche lernen was, andere nicht.

Integration von Kopf und Hand

Ganz ehrlich: Keine Ahnung, was das bedeutet. Der Satz stammt
aus dem Programm einer Gelsenkirchener Grundschule. Sinnvoll
erscheint es aber allemal – oder haben Sie schon mal versucht,
ohne Hände und ohne Kopf zu schreiben oder zu rechnen?

JabL, das

Das jahrgangsbezogene Lernen (JabL) ist nichts anderes als die Unterrichtsform, wie die meisten von uns sie noch kennen. Anders als beim → JÜL werden die Jahrgänge im Unterricht nicht gemischt, und alle Kinder in der Klasse sind ungefähr gleich alt. Dank des Fachbegriffs wirkt dieses Konzept jetzt aber so, als habe man es ausgiebig studiert und in eine neue, verbesserte Form gegossen.

Jedermannbefähigung, die

Falls Sie dieses Wort nicht kennen: Nein, es ist kein Fachausdruck, sondern eine Tatsache. Lehrer sind teuer, sogar die günstigen Grundschullehrer, und so gibt es allerhand interessante Ansätze, wie man den permanenten Lehrermangel beheben könnte, ohne sich eine Schippe teurer Fachkräfte aufzuhalsen. Pensionierte Lehrer zum Beispiel, die langweilen sich doch sowieso im Vorruhestand. Überhaupt sind Rentner eine dankbare Gruppe, denn ihre Erfahrung mit den Enkelkindern kommt ihnen auch im Unterricht zugute. Ebenfalls beliebt sind die → PES. Es ist ja so: Unterrichten kann im Grunde jeder. Zudem sind Grundschulkinder, Gott sei Dank, noch so klein, dass man körperliche Auseinandersetzungen problemlos gewinnt.

JÜL, das / SAPH, die

Aufschrecken und einen gesunden Fluchtreflex entwickeln sollte man bei den Begriffen JÜL und SAPH. Bei beiden Konzepten werden mehrere Jahrgänge nach den Methoden des → binnendifferenzierten Lernens gleichzeitig unterrichtet: SAPH (Schulanfangs-phase) und JÜL (Jahrgangsübergreifendes Lernen) bedeuten also nichts anderes, als dass alle wieder zusammensitzen, so wie früher in der Grundschule des 19. Jahrhunderts. Der Lehrer sieht sich in diesem Umfeld als → Lernbegleiter, der eigentliche Lerntransfer findet zwischen den Schülern der verschiedenen Jahrgänge statt. Vor allem im Bereich → Schimpfwörter lassen sich so erstaunliche Fortschritte erzielen, die sich jedoch nicht immer in den anderen Lernbereichen wie Mathematik oder Deutsch abbilden.

In Berlin ist JÜL bereits die vorherrschende Unterrichtsform: Erste, zweite und dritte Klasse sitzen gemeinsam im Unterricht. Berliner Grundschüler bleiben daher auch grundsätzlich nicht mehr sitzen. Sie „verweilen" oder „verbleiben". Das Stigma des Sitzenbleibens ist damit gebannt, und der Grundschüler ist also eher so etwas wie ein lieber Gast, den man gerne noch ein wenig länger haben möchte.

Und noch einen Vorteil hat der jahrgangsübergreifende Unterricht: Große Klassen lassen sich nun sogar pädagogisch verbrämen – es sind ja auch mindestens zwei Jahrgänge, die sich da nun selbst und gegenseitig unterrichten.

Juristische Schritte, die

Erfahrene Lehrerinnen verdrehen bei der Androhung juristischer Schritte erst einmal die Augen. Der Komplex setzt sich meist aus folgenden Bausteinen zusammen:

- eine hetzerische Rundmail an alle Eltern
- mehrere Anrufe beim Elternbeirat
- wutentbrannter Anruf bei der Schulleitung
- ein Anruf beim Schulamt
- noch ein Anruf beim Schulamt
- noch ein Anruf beim Schulamt
- ein erneuter wutentbrannter Anruf bei der Schulleitung

Den finalen Schritt zum Anwalt wagen übrigens die wenigsten, weshalb Lehrerinnen nur schwer mit der Androhung juristischer Schritte zu beeindrucken sind.

Kann-Kind, das

Im Gegensatz zu den → Muss-Kindern können Kann-Kinder eingeschult werden oder auch nicht. Kann-Kinder sind all jene, die aufgrund ihres Geburtsdatums noch nicht schulpflichtig sind, aber kurz nach dem Stichtag geboren wurden. Um die ganze Sache nicht zu einfach zu gestalten, hat jedes Bundesland seine eigenen Stichtage.

In Bayern sind beispielsweise alle, die zwischen dem 1. Juli und 31. Dezember den sechsten Geburtstag feiern, schulpflichtig, in Nordrhein-Westfalen müssen all jene ran, die bis zum 30. September sechs Jahre alt werden, in Rheinland-Pfalz gilt der 31. August. In Berlin gibt es übrigens keine Kann-Kinder, sondern das Prinzip der „Früheinschulung". Oder vielleicht doch? Gerade ist man bei den Bildungsbehörden dabei, die Reform wieder zurückzunehmen, in der die Kann-Kinder abgeschafft wurden.

Kinderbilder, die

Krakelige Strichmännchen sind das Sinnbild deutscher Grundschulen. Sie zeigen, dass sich das Lehrpersonal total auf die Kinder eingestellt hat. Ob sich Kinder in Schulen mit besonders vielen Strichmännchen auf Briefpapier und anderen Infoblättern besonders wohlfühlen, ist bisher nicht wissenschaftlich untersucht worden.

Klasse, die

Schicksalsgemeinschaft, die über das Wohlbefinden der Kinder entscheidet. Sorgfältige Eltern widmen sich daher vor der Einschulung ausführlich dem → Sozialdatenatlas, um die potenzielle Klassenzusammensetzung zu eruieren. Außerdem steckt auch ein kleines bisschen Selbsterhaltungstrieb dahinter – wer will schon vier Jahre lang die Eltern von „Ey-was-guckst-du-Dennis" zum Kaffee einladen, wenn sie ihren Filius nach dem gemeinsamen Spielen abholen?

Klassenfoto, das

Die Grundregel ist: Klassenfotos finden grundsätzlich am Tag nach dem Abend statt, an dem man alle Neune gerade sein lässt und das dringend nötige Haarewaschen auf den nächsten Tag verschiebt. Die Ankündigung zum Klassenfototermin findet man passend dazu am Schuljahresende am Boden des Ranzens. Aus nostalgischen Gründen sollte man die Klassenfotos dennoch kaufen: Wann sonst wird Ihr Kind jemals abgebildet, wie es kokett eine Lamellenjalousie mit dem Finger herunterbiegt und hindurchlugt? Oder vor hellblauem Hintergrund mit Weichzeichner? Mental scheinen Schulfotografen generell in einer Ära hängengeblieben, in der Night Rider cool und hochgeschlagene Kragen so richtig frech waren.

Klassenpflegschaftssitzung, die

Keine Angst, Sie müssen keine ganze Klasse aus Uganda adoptieren oder sich sonst wie sozial engagieren. Dahinter steckt nichts anderes als der ordinäre → Elternabend. Allerdings klingt Klassenpflegschaftssitzung erheblich mitfühlender und fürsorglicher.

Klassenzimmer, das

gibt es nicht mehr. Heute verfügt eine ordentliche Grundschule über „Biotope für soziales und individuelles Lernen". Ziemlich oft sieht es auch genau so aus, als könnten dort viele Lebensformen ein Zuhause finden.

Kompetenzen, die

Auswendig lernen ist doof: Viel besser ist es, Kompetenzen zu erwerben. Anstatt „Lesen" lernen Kinder beispielsweise nun Texterschließungskompetenzen, die wiederum nicht wirklich bedeuten müssen, dass man einen Text wirklich lesen und verstehen muss.

Kontaktaufnahme, die

Im Laufe der vier Jahre Grundschulzeit verspüren Eltern mitunter das Bedürfnis, mit der Klassenlehrerin Kontakt aufzunehmen. Dieses Unterfangen wird bewusst mit allerhand Hürden belegt: Die Eltern erhalten damit die Gelegenheit, zu überprüfen, ob ihr Anliegen wirklich so wichtig ist, dass man die Lehrer stören muss.

Da das Schulsekretariat in der Regel montags und donnerstags von 8.45 bis 9.40 Uhr oder zu anderen extrem kurzen Zeitfenstern geöffnet ist, entfällt meist die Möglichkeit dieser Kontaktaufnahme. Aber auch im positiven Fall mündet das Gespräch mit der Sekretärin nicht automatisch in einen Termin zur gewünschten Zeit. Alternativ lohnt es sich für Eltern mit Tagesfreizeit, dem Lehrpersonal vor dem Lehrerzimmer aufzulauern. Die Kontaktaufnahme per E-Mail oder persönlichen Anruf sind keine realistische Option, denn Lehrer hüten ihre persönlichen Daten wie die Alchemie-Formel zur Goldherstellung. Als praktikabel hat sich stattdessen die Verwendung von → Post-it-Zetteln erwiesen. Konspirative Treffen, von denen das Kind nichts mitbekommt, sind somit natürlich unmöglich.

Kontaktpersonen, die

Eltern und wer sonst noch so beim Elternabend aufschlägt. Persönlicher kann man es eigentlich nicht mehr formulieren ...

Kooperative Grundschulen, die

Wörtlich übersetzt handelt es sich um zusammenarbeitende Schulen. Doch mit wem? Und warum?

Kopfläuse, die

Zahlreiche Legenden ranken sich um diese kleinen Tierchen, die in der Grundschule immer wieder für Aufregung sorgen. Besonders furchterregend ist die Mär, man müsse ALLES in der Wohnung entweder auskochen, wegschmeißen oder zwei Wochen lang in die Gefriertruhe packen. Die Grundschulzeit könnte damit der Beginn einer ganz neuen Ära der Ernährung werden – schließlich muss die große Tiefkühltruhe ja auch in parasitenfreien Zeiten genutzt werden.

Die gute Neuigkeit ist: Läuse lassen sich einfach aushungern. Schon ein verlängertes Wochenende reicht aus, um ihnen den Garaus zu machen. Man muss das neue Sofa genauso wenig wegschmeißen wie das Lieblingskuscheltier. Die schlechte Neuigkeit ist: Natürlich müssen die Läuse trotzdem irgendwie vom Kopf. An Chemie kommt keiner vorbei. Sätze wie „Ich krieg das mit Essig in den Griff" oder „Das haben wir jedes Mal mit Honig geschafft" sind deshalb ziemlich suspekt und einer der Gründe, warum die kleinen Mistviecher immer wieder auftauchen. Läuse mögen öko-logisch-kulinarische Lösungen wie die Mayonnaise-Kur.

Was Läuse sonst noch lieben:
- Mützentausch. Die sicherste Methode, eine ganze Klasse zu infizieren. Eine Abart davon ist die lustige Idee, zum Fußball-

spielen zwei Sätze farbiger Mützen herauszugeben, um die Mannschaften zu unterscheiden.

→ Kopfkontakt – zum Beispiel wenn man konzentriert am selben Blatt arbeitet.

→ Kopfkissentausch beim Zelten oder bei anderen Übernachtungen mit Kindern aus Essig-tut's-auch-Haushalten.

Kopfnoten, die

Ordnung, Fleiß und Mitarbeit – auf alten Zeugnissen gab es sie noch, die Kopfnoten. Heute sind sie nur noch vereinzelt zu finden. Meist sind sie zugunsten eines verschwurbelten Textes verschwunden (siehe auch → Zeugnissprache), den die meisten Eltern sowieso nicht wirklich verstehen.

Korrigieren

Geht gar nicht! Wiederholtes Korrigieren führt zu seelischen Schäden und demotiviert – die Eltern, denn es ist nur schwer auszuhalten, was in deutschen Grundschulen fabriziert wird. Elterliches Korrigieren der Hausaufgaben wird daher mit wiederholten Lehrergesprächen bestraft. Vor allem in Kombination mit der Methode des → Spracherfahrungsansatzes ist das Korrigieren in Verruf geraten.

Korrigierschwäche, die

Unfähigkeit der Lehrerin, Schulaufgaben bzw. Klassenarbeiten in einem angemessenen Zeitraum zu korrigieren und zu benoten. Ab vier Wochen spricht man in medizinischen Kreisen von einer chronischen Korrigierschwäche. Von dieser Krankheit betroffene Lehrer sind in der Regel wenig einsichtig.

Laufdiktat, das

Kinder, die mit hochrotem Kopf von einer Ecke des Klassenzimmers in die andere rennen und dabei Wörter murmeln: Nein, das ist kein Pädagogen-Albtraum, sondern ein geplantes Laufdiktat. Durch die Kombination von körperlicher Bewegung und geistiger Leistung soll das Gelernte besonders gut verankert werden. Für den Fall, dass die eifrigen Schüler später einmal in einer Kneipe als Bedienung enden, ist dieses Training sicher ebenfalls sehr zielführend. Dort muss man schließlich auch inmitten des Trubels und Lärms die Bestellungen nicht nur aufnehmen, sondern auch blitzschnell in einer anderen Ecke des Raumes korrekt wieder loswerden.

Lehrer, der

Seltene Spezies, die unbedingt erhalten werden muss. Derzeit liegt der Anteil der männlichen Grundschul-Lehrkräfte in Deutschland unter 13 Prozent. Unter den alleinerziehenden Müttern erfreuen sich Grundschullehrer besonderer Beliebtheit, da sie erwiesenermaßen gut mit Kindern können, einen verlässlichen Arbeitsplatz vorweisen und im Falle einer erfolgreichen Beziehung in den Ferien zur Kinderbetreuung zur Verfügung stehen könnten.

Lehreramnesie, die

Die Unfähigkeit von Grundschullehrern, sich an Absprachen und Vereinbarungen mit den Eltern zu halten. Die Krankheit tritt tückischerweise ohne Vorwarnungen auf. Ein deutliches Symptom sind das Besprechen von Familiengeheimnissen im morgendlichen → Stuhlkreis oder Kommentare wie „Deine Mutter hat mir erzählt, dass du nachts noch ins Bett machst" vor versammelter Klasse. Die Lehreramnesie gilt als nicht heilbar. Eine weitverbreitete Unterform ist die Unfähigkeit, sich an den Ursprung von Regeln zu erinnern. So wissen von der Amnesie betroffene Lehrer zwar noch, dass → Tintenkiller 1978 vom gesamten Kollegium einstimmig verboten wurden, aber nicht mehr, warum dies geschah. Wie viele Kranke sprechen sie nur ungern über ihr Leiden.

LEHRERTYPEN

Die Engagierten

Frisch von der Uni und voller Ideen, wie sich Kreativität und Sozialkompetenz steigern ließen. Ihre Erfahrungen als ehrenamtliche Helfer einer Hausaufgabenbetreuung eines sozialen Brennpunkts sind ganz bestimmt hilfreich. Sie sind persönlich und aufrichtig enttäuscht, wenn Linus, trotz intensiver Gespräche nach dem neuesten sozialkritischen Transaktionsmodell und mit großen Augen völlig glaubhaft versichernd, NIE wieder ein anderes Kind grundlos zu schlagen, stante pede nach dem total aufrichtigen Austausch erst einmal zwei Erstklässler in die Brennnesseln kickt. Logisch, dass die Engagierten besonders Burn-out-gefährdet sind und die höchste Wahrscheinlichkeit mitbringen, dass sie eines Tages schluchzend aus dem Klassenzimmer rennen. Am nächsten Tag heißt es dann offiziell, Frau Lauer sei aufgrund einer (echten!) Grippe verhindert.

Lieblingssatz/Erkennungsmelodie: „Das kriegen wir mit ganz viel Förderung schon noch hin." Oder: „Der Sammy will eigentlich gar nicht zuschlagen, der kennt nur keine anderen Verhaltensmuster."

Die Fortschrittlichen

Auf den ersten Blick könnte man sie mit den Engagierten verwechseln – doch Achtung! Die Fortschrittlichen haben einen stahlharten Kern. Sie kennen jede pädagogische Theorie (im Gegensatz zu den dummen Eltern, die sich immer unnötig einmischen) und sind glühende Anhänger irgendeines neuen methodischen Ansatzes. Unqualifiziertes Dreinreden durch Eltern verbieten sie sich. Qualifiziertes Dreinreden durch Lehrereltern übrigens auch. Sie verteidigen ihr pädagogisches Revier bis aufs Blut, selbst zwanzig Jahre ältere Kollegen und Kolleginnen fürchten sich insgeheim vor ihnen und lassen sich klaglos – zumindest solange die Fortschrittlichen selbst anwesend sind – neue Methoden aufdrücken. Auf einfache Sätze reagieren sie im Lehrer-Eltern-Gespräch nicht so gut. Im Umgang mit ihnen empfiehlt es sich, viel auf Fachwörter und Fremdwörter zurückzugreifen.

Lieblingssatz/Erkennungsmelodie: „Die pädagogische Ausgestaltung des Unterrichts dürfen Sie ruhig mir überlassen."

Die Durchgeknallten

Sie brüllen im Unterricht lautstark ihren Frust heraus und laufen daher kaum Gefahr, dem Burn-out anheimzufallen. Ihre Sozial- und Leistungsanalysen – „Du bist genauso asozial wie dein Bruder!" oder „Du kannst froh sein, wenn du die Hauptschule schaffst!" – sind leider genauso zutreffend wie inakzeptabel. Ihnen geht ein Ruf des Schreckens voraus. Kindergartenkinder verstummen bei der Nennung ihres Namens: „Hoffentlich komme ich nicht in die Klasse von Frau Müller!" Größere Geschwister sorgen dafür, dass ihr Image als Beelzebub erhalten bleibt. Ein eindeutiger Vorteil ist: Ihre Klassenzimmer sind immer leicht zu finden, denn es hebt sich schon von weitem akustisch ab. Sollten sich die Schüler später für den Militärdienst entscheiden, sind sie ebenfalls bestens vorbereitet und abgehärtet.

Das Urgestein

Sie haben schon alles gesehen, bereits die Eltern der Kinder unterrichtet, den großen Bruder nachsitzen lassen und werden mit ein bisschen Glück vor der Pensionierung die dritte Generation auch noch kennenlernen. Körperlich hinterlässt dieser langjährige Einsatz jedoch Spuren: Oft schon taub, kurzsichtig und auch sonst nicht mehr so gut auf den Beinen, sind sie berühmt-berüchtigt für ihren spannenden Sportunterricht. Werden sie gezwungen, Englisch zu unterrichten, kann es zu geradezu schmerzlichen phonetischen Erfahrungen kommen.

Lieblingssatz/Erkennungsmelodie: Lange Nachdenkpausen

Die Festgefahrenen

Änderungen? Wozu? Das mache ich schon seit Jahren so. Sie verwenden heute noch die die per Matrize abgezogenen Arbeitsblätter von 1979 und brauchen vier Wochen, um ein Diktat der ersten Klasse zu korrigieren. Das Wort Engagement haben sie seit mindestens einem Jahrzehnt aus dem Vokabular gestrichen. Elterngespräche ertragen sie wie einen Zahnarztbesuch: Augen zu und warten, bis es vorbei ist. Die lästige Unterrichtsperiode zwischen den Ferien sitzen die Festgefahrenen irgendwie ab. Ist ja sowieso immer dasselbe.

Lieblingssatz/Erkennungsmelodie: „So schlecht ist die Matrize doch gar nicht, die nehm ich nochmal."

Die Außerirdischen

Sie wirken immer ein wenig, als hätten sie keinen blassen Schimmer, wie sie im Klassenzimmer gelandet sind – und warum! Doch sie machen das Beste daraus und wühlen sich mit Mühen durch jede Stunde. Das Motto der Anonymen Alkoholiker passt gut auf diese Spezies, die sich jeden Tag „One day at a time" (ein Tag nach dem anderen) weiter durchs Leben hangelt. Für die Schüler ist die klassische Außerirdische ein gefundenes Fressen: Sie fällt zehn Mal auf denselben Trick herein, kann die Kinder schlecht auseinanderhalten und deshalb auch nicht wirklich bestrafen.

Lieblingssatz/Erkennungsmelodie: „..." – Es verschlägt ihr täglich die Sprache ...

Die Familienfreundlichen

Sie mögen ihre Schüler unheimlich gern, das merkt man auf den ersten Blick. So eine tolle Lehrerin hat die Schule schon lange nicht mehr gehabt! Dummerweise ist die klassische Vertreterin dieser Spezies so kinderlieb, dass sie selbst davon erst einmal eine ganze Schar in die Welt setzt und daher für die nächsten zehn Jahre nur noch im Drei-Jahres-Rhythmus für drei Monate auftaucht, bevor sie wieder in der Elternzeit verschwindet. Erfreulicherweise mutiert diese Spezies der *Familienfreundlichen* aus biologischen Gründen spätestens ab dem vierzigsten Geburtstag zum *Urgestein* und lässt sich dank eigener Familien-Erfahrungen für kurze Zeit, bevor die körperlichen Berufsschäden einsetzen, kein X für ein U vormachen.

Lieblingssatz/Erkennungsmelodie: „Und wie ist das wirklich passiert, Martin?"

Die Männer

Sie sind im Grundschul-Umfeld so selten, dass sie, egal in welcher Funktion, mit einem fünffachen Bonus antreten. Als Exoten und mysteriöse Wesen („Warum der wohl nicht Realschule oder Gymnasium studiert hat?") fallen sie immer auf und werden freudig begrüßt. Dass der Anteil der Männer unter dem Grundschullehrpersonal nicht einmal 13 Prozent beträgt, hat viele Gründe: Das mäßig beeindruckende Gehalt ist einer davon. Die drei- bis viertausend Euro im Monat (brutto) sind ob der überschaubaren

Stundenzahl und Vorbereitungszeit zwar gar nicht so schlecht – vor allem, wenn man die sagenhafte Anzahl von Ferientagen mit einrechnet –, reichen aber definitiv nicht aus, um einer Familie ein Leben in Saus und Braus zu bieten. Und weil traditionell sich dann doch eher die Mutter um die Kinder kümmert, entscheiden sich eben vor allem Frauen für diesen Beruf, der sich ganz wunderbar mit dem Alltag einer Familie verbinden lässt, sofern man über ein weiteres, anständiges Gehalt verfügt. Aber Geld ist nicht alles: Der Alltag in der Grundschule ist sehr viel „körperlicher" als in den weiterführenden Schulen. Doch eine Erstklässlerin in den Arm nehmen und trösten, eine Schürfwunde am Oberschenkel begutachten oder vor dem Sportunterricht in der Mädchen-Umkleidekabine für Ruhe sorgen, all dies könnte als sexuelle Belästigung ausgelegt werden. Und ist der Verdacht erst ausgesprochen, lässt er sich kaum mehr aus der Welt schaffen. Viele Männer verzichten lieber gleich darauf. Sicher ist sicher.

Lehrerkonferenz, die

Gipfeltreffen am Jahresende, um das sich viele Mythen ranken. Gerüchten zufolge handelt es sich nur um ein lustiges Kaffeetrinken.

Lehrerzimmer, das

Heiliges Territorium, das keinesfalls durch die Präsenz von Eltern oder gar Schülern entweiht werden darf. Oft erkennt man das Lehrerzimmer daher an der fehlenden Türklinke an der Außenseite.

Lehrplan, der

Theoretisches Gerüst, das mit den Jahreszeiten wechselt, beziehungsweise wie ein religiöses Grundlagenwerk sehr nach Art der Auslegung unterschiedlich interpretiert wird. Lehrpläne sind daher nur sehr vage formuliert, dürfen aber an sich nicht in Frage gestellt werden.

Leichtsinn, der

Wenn Lehrer Telefon-, Handynummer und E-Mail-Adresse freizügig verteilen. Genauso leichtsinnig: Eltern- oder sogar Schüler-Freundschaftsanfragen in Facebook oder anderen Social Media anzunehmen.

Lernbegleiter, der

Lehrer unterrichten in modernen Schulen nicht mehr, sie begleiten nur noch. Das ist ungefähr so, als würde der Kapitän eines Kreuzfahrtschiffes von heute auf morgen entscheiden, nur noch als Unterhalter mitzufahren. Die Passagiere entscheiden unterdessen selbst, ob und wie sie das Schiff irgendwohin lenken. Die dazu wichtigen Methoden erschließen sie sich spielerisch selbst unter Anleitung des Unterhalters. Eventuelle Parallelen zum Kinofilm „Titanic" sind vollkommen zufällig.

Offiziell sieht das dann so aus: „In selbstgesteuerten Formen des Lernens können ‚Lehrerinnen' nicht mehr vorrangig Wissensvermittler sein, sie sind Lernbegleiter, Berater und Helfer. Hier geht es um die Freigabe der Beziehung zwischen Schüler und Stoff. Der Weg gilt als Ziel und auf diesem Weg ist der Lernbegleiter Ansprechpartner, Materiallieferant und Lernförderer."

Der Weg ist das Ziel – eine interessante Beschreibung. Es ist also nicht mehr das Lesen das Ziel, sondern das Lernen, nicht mehr die Fähigkeit zu addieren oder multiplizieren, sondern der Weg dahin.

Zum Beispiel das Ausfüllen vieler Übungsblätter? Auch die Freigabe der Beziehung zwischen Schüler und Stoff klingt sehr vielversprechend. Für den Lehrer, der nicht mehr dazwischenstehen muss. Man muss dem Autoren dieser Zeilen allerdings zugutehalten, dass er das Wort „Lehrerinnen" anstandshalber in Anführungszeichen gesetzt hat. Insgesamt kann man hier eigentlich nur zur gelungenen Umsetzung des daoistischen Gedankenguts gratulieren.

Lesen durch Schreiben (auch: Läsn duach schraibn)
siehe → Spracherfahrungsansatz

Lesepaten, die
Ältere Grundschulkinder lesen jüngeren Kindern vor und helfen Ihnen. Selbstverständlich geschieht dies während der Unterrichtszeit.

Linientreue, die
Die Beschwerde, „das Schriftbild ist noch nicht liniengetreu", lässt nicht auf eine sozialistische Gesinnung des Klassenlehrers schließen, sondern nur auf mangelndes Sprachgefühl. Des Lehrers natürlich. Gemeint ist die Fähigkeit, einigermaßen auf der Linie zu schreiben. Mangelnde Linientreue kann trotz des fehlenden politischen Hintergrunds gravierende Folgen haben, wie beispielsweise eine schlechte Kopfnote. Wiederholte Elterngespräche und ein umfangreiches Übungsprogramm können den irrenden Schüler jedoch wieder auf Linie bringen.

Mandala, das
Interkulturell wertvolles Pendant zum Malen nach Zahlen und Ausmalbüchern. Anders als diese europäischen Vorbilder fördern Mandalas die meditative Konzentration und füllen problemlos eine Doppelstunde, für die sich am Vortag keine Vorbereitungszeit fand.

Männer, die
Im Grundschulumfeld nahezu unbekannt. Seltene Sichtungen von Männern werden mit großer Freude aufgenommen. Männer, die sich auf → Elternabenden bewegen oder sich sogar in → AGs betätigen, haben daher Narrenfreiheit und werden auch nicht mit Fronarbeiten belästigt, um sie nicht zu verschrecken. Dies gilt auch für die Lehrerschaft. Hier beträgt der Männeranteil nur 13 Prozent, Tendenz sinkend. Um der Männerlosigkeit an Grundschulen zu begegnen, wurde in Bremen das Programm „Rent a Teacherman" ins Leben gerufen: Die Universität Bremen verleiht seit 2011 männliche Lehramtsstudenten als Aushilfslehrer an männerfreie Grundschulen.

Medienkompetenz, die
Je nach sozialer Schichtung wird dieser Begriff extrem unterschiedlich interpretiert. Für die einen bedeutet es, ausnahmsweise und in Begleitung der Eltern einen altersgerechten Film anzuschauen, der danach ausführlich diskutiert wird. Für andere wiederum lässt sich Medienkompetenz in einem klaren Katalog abfragen:

- Wer war der letzte DSDS-Gewinner? (Falls Sie die Abkürzung nicht kennen, haben Sie wahrscheinlich mehr als fünf Bücher im Regal stehen.)
- Auf welchem GTA Grand Theft Auto Level bist du? (Falls Ihnen Grand Theft Auto nichts sagt, könnte es daran liegen, dass das Spiel ab 18 ist.)
- Ey was kost dein Handy? Hast du neuste Modell? Warum ned?

Meinung, die

Unnötiges Accessoire, das vor allem im Elterngespräch und auf Elternabenden unangenehm auffällt.

Miete, die

Was bitte hat die Miete mit der Grundschule zu tun? Mehr als Sie denken. In der Regel haben Eltern erst einmal keine Wahlmöglichkeiten, sofern sie sich nicht für eine private Schule entscheiden. Wo die unsichtbare Grenze zum nächsten Schulbezirk verläuft, kann man in Großstädten schon an den Mietpreisen erkennen: Ein- bis zweihundert Euro Unterschied im Monat sind problemlos drin.

Milchschnitte, die

Die Milchschnitte ist quasi die kulinarische Verkörperung des Teufels (siehe auch → Teufelswerk) und ein beliebtes Diskussionsthema in der zweiten Hälfte des → Elternabends. Wer seinen Kindern Milchschnitten als Pausenbrot mitgibt, outet sich nicht nur als unwissend (Die Karies! Der Zuckerflash! Ja denken die Eltern allen Ernstes, es handle sich dabei um einen normalen Snack?) sondern auch als lieblos – die hatten wohl keine Lust ein anständiges Frühstück mitzugeben (siehe auch → Nutellabrot). Milchschnitten gelten als offizieller Indikator schlechten Muttertums.

Mimikry, die

Es handelt sich um Mimikry, wenn Eltern, die ansonsten Mikrowellenkost und Fastfood favorisieren, nach dem Eintritt in die Grundschule zu Vollkornköstlern mutieren. Wie auch im Tierreich soll diese Taktik das Überleben in einer feindlichen Umwelt garantieren. Schwachstelle dieser Anpassungsleistung sind in der Regel die Kinder, die meist überrascht und ablehnend auf die neue Kost reagieren und ihre Pausenbrote fortan wegwerfen. Pizzaabende sollten nur noch mit heruntergelassener Jalousie stattfinden, und auch den indischen Lieferservice sollte man nun erst nach Einbruch der Dunkelheit bestellen.

Mobile Reserve, die

→ Ersatzunterricht, PES

Motto, das

Schon aus Gründen des Marketings brauchen Grundschulen seit einigen Jahren ein Motto. Weil „Lesen und Schreiben lernen" oder „Rechnen und Lesen" irgendwie nicht gut genug klingen, sind Slogans wie → „Achtsame Schule" oder „Nicht für alle das Gleiche, sondern für jeden das Beste" ein echter Renner. Den Irrglauben, einem Motto müssten zwingend Taten folgen, verlieren Grundschuleltern nach wenigen Monaten.

Hin und wieder entscheiden sich Grundschulen jedoch auch für ein erstaunlich ehrliches Motto: „Gemeinsam für unsere Kinder" sagt schon recht deutlich, wie viel Eigenengagement von den Eltern erwartet wird.

Mülleimer, der

Hauptlagerstätte für wertvolle Vollkorn-Pausenbrote mit Salat, Gurke und anderen liebevoll arrangierten Gemüsebeilagen.

Muss-Kinder, die

müssen, wie der Name schon sagt, und zwar in die Schule. Wann genau ein Kind zum Muss-Kind wird, da sind sich die Bundesländer nicht einig. Siehe auch → Kann-Kind.

Mütter, die

Sie nehmen in der Welt der Grundschule eine ganz besondere Rolle ein: Sie arbeiten als Weckdienst, Stullenschmiererinnen, Hausaufgaben-Kontrolleurinnen, AG-Leiterinnen, Ausflugs-Begleiterinnen, Buffet-Bestückerinnen und natürlich als Sündenbock, wenn irgendetwas schiefläuft. Interessant ist, dass die meisten mütterlichen Aufgaben aber letztlich einen selbstgebackenen Kuchen beinhalten. Hier eine kleine Übersetzungshilfe für Anfragen der Schule:

Pädagogische Formulierung	Übersetzungshilfe für Mütter
Schule aktiv mitgestalten	= Kuchen backen
sich engagieren	
sich einbringen	
Veranstaltungen unterstützen	
Basar für die Klassenkasse	

Muttersprache, die

Völlig zu vernachlässigender statistischer Fakt. Es ist nämlich wirklich völlig egal, welche Muttersprache die zukünftigen Klassenkameraden des Sprösslings sprechen. Viel wichtiger sind die Deutschkenntnisse. Und da sieht es in einigen Städten beziehungsweise Stadtvierteln ziemlich mau aus. Berlin, Duisburg, Offenbach überraschen in dieser Hinsicht wenig. Aber auch in der vermeintlich ländlichen Idylle wie im baden-württembergischen Güglingen (die Tatsache, dass Sie jetzt wahrscheinlich nicht wissen, wo das liegt, sagt eigentlich alles über seine Größe und Bedeutung aus) müssen Eltern hier und da feststellen, dass sie a) besser den → Sozialdatenatlas gelesen hätten und b) ihre Kinder mühelos an die Spitze der Klasse rücken, weil sie als Einzige dem Unterricht sprachlich folgen können.

Interessant ist ebenfalls, dass es keinerlei Statistiken gibt, wie viele Grundschüler bei der Einschulung ausreichend Deutsch sprechen, sondern nur Erhebungen zur Staatsangehörigkeit.

Muttertag, der

Ideologisch fragwürdiger Feiertag und der einzige Tag im Jahr, an dem gewürdigt wird, dass sich die Mutter jeden Morgen zu nachtschlafender Zeit aus dem Bett quält, um das motzende Kind auf den Schulalltag vorzubereiten.

Nachhaltiges Lernen, das

Eigentlich: etwas Lernen und danach nicht vergessen, sondern behalten und am nächsten Tag noch wissen. Alternativ kann man aber auch die Schulbücher mit biologisch abbaubarem Einschlagpapier umhüllen und so dem Lernen einen nachhaltigen Touch verschaffen.

Nachmittagsbetreuung, die

Weit verbreitete Eltern-Wunschvorstellung, die wahnhafte Züge annehmen kann (in Süddeutschland auch als „Kernzeit" oder „Hort" bekannt). Mittlerweile in vielen deutschen Städten vorhanden, wenn auch zu Uhrzeiten, die noch immer keine volle Berufstätigkeit ermöglichen.

Die Qualität schwankt zwischen simpler Verwahrung inklusive dem Bonus-Track von nachträglich in die Hausaufgaben hineinkorrigierter Rechtschreibfehler durch die Erzieher bis zu pädagogisch gut durchdachten Konzepten mit perfekter Hausaufgabenkontrolle und Förderprogrammen.

Dumm ist: Welche Sorte Nachmittagsbetreuung man erwischt, weiß man vorher leider nicht. Da das Erziehungspersonal teils in beeindruckender Geschwindigkeit wechselt, kann sich die Situation innerhalb von wenigen Tagen komplett ändern. Sicher ist: Beschwerden sind nicht zielführend. Mal ehrlich, Sie haben doch sowieso keine Alternative!

Nächtliches Einnässen, das

Stimmt, das findet natürlich zuhause statt. Nachts. Aber wehe, es kommt raus, dass Lukas nachts noch Windeln tragen muss und regelmäßig ins Bett macht.

Ganz im Ernst und ohne Ironie: Vom nächtlichen Einnässen sind viel mehr Kinder betroffen, als man allgemeinhin annimmt. Rund 10 Prozent aller Jungs – denn es sind meist Jungen – haben ihre Blase bei Beginn der Grundschule noch nicht im Griff. Der Grund ist einfach: Um nachts den Harn zurückzuhalten, braucht es ein bestimmtes Hormon, das die einen etwas früher, die anderen etwas später produzieren. Für die Betroffenen ist das nur begrenzt tröstlich – vor allem dann, wenn eine Klassenfahrt ansteht …

Namensdiskrepanz, die

Wenn der Vorname ein Ticket bis nach Hollywood sein soll, der Nachname aber nur als Fahrkarte bis in die nächste Kreisstadt taugt, spricht man von einer Namensdiskrepanz. Oder deutlicher gesagt: Kleopatra Klausewitz, Tiffany Müller und Gregory-Barnabas Schmidt werden ihre Eltern noch hassen lernen. Bis dahin oder bis zur Entstehung eines neutralen Spitznamens heißt es die Zähne zusammenbeißen und keinesfalls laut auflachen oder wiederholt nachfragen, wenn der Bauer um die Ecke seine kleine Samantha-Alouette in die Schule schickt.

Noten, die

Schule ist Angelegenheit der Länder. Die Sache mit den Noten daher auch. Interessanterweise gibt es aber in regelmäßigen Abständen immer wieder Bestrebungen über alle Ländergrenzen hinweg, die Noten in der Grundschule abzuschaffen. Oder wenigstens ein bisschen. Also manchmal. Vielleicht. Ein dafür repräsentativer Versuch fand beispielsweise 2014 in Schleswig-Holstein statt. Allerdings stimmten nahezu alle Schulen gegen den Vorstoß des Bildungsministeriums: Nach einer Umfrage des NDR sprachen sich 87 Prozent der Schleswig-Holsteiner für die Schulnoten aus.

Nutellabrot, das

gehört wie die Milchschnitte zum → Teufelswerk, das keinesfalls die Schulschwelle überschreiten darf. Und das, obwohl immer glückliche Kinder auf der Packung abgebildet sind!

Offene Pädagogik, die (offener Unterricht)

Um es mit den Worten der Uni Köln zu sagen: „Das methodische Grundprinzip des Offenen Unterrichts ist das entdeckende, problemlösende, handlungsorientierte und selbstverantwortliche Lernen." Und: „Die Lerner müssen Eigenständigkeit hinsichtlich der Entscheidungen, der Arbeitsformen, sozialen Beziehungen und Kooperationsformen entwickeln. Außerdem ist es den Lernern möglich, den Unterricht mitzugestalten, wenn es um die Inhalte, Durchführung und den Verlauf des Unterrichts geht." Und natürlich: „Der Offene Unterricht impliziert eine veränderte Beziehungsstruktur zwischen Lehrer und Schüler, einen veränderten Lernbegriff und eine veränderte Lernorganisation." Falls Sie bei diesen Worten Ihr Kind orientierungslos oder wild kichernd vor Ihrem inneren Auge durch die Gänge irren sehen: Jawoll! Wobei dies sicherlich als emotionale Loslösung von den gängigen Konzepten des Frontalunterrichts durchgeht. Oder so.

Offene Angebote, die

Die Kinder gehen hin. Oder auch nicht, es ist nämlich egal, ob sie hingehen.

Pädagogisches Konzept, das

Achtung! Je „pädagogisch wertvoller" das Konzept, desto eher ist Vorsicht angesagt. Vor allem bei Grundschulen, die das soziale Lernen in den Vordergrund stellen, stehen Lese- und Schreibfertigkeiten *nicht* zwingend im Vordergrund. Auch Prädikate wie → „achtsame Schule" oder dergleichen deuten nicht selten daraufhin, dass es guten Grund gibt, dieses Thema zu betonen. Ein besonders ernstzunehmendes Warnsignal sind lustige handgemalte Bildchen und Diagramme in den Präsentationsunterlagen der Schule.

Die unterschwellige Botschaft lautet: Wir sind total lustig und ganz arg auf die Kinder eingestellt. Vernünftige Unterhaltungen auf Erwachsenenniveau finden wir doof. In diesem Umfeld herrscht eine hohe Gefahr von Filzkursen und Achtsamkeitstrainings!

Papierwarenladen, der

„Beim Mayer", „Beim Steini" oder einfach nur „der Laden" heißen sie im Regionaljargon. Generationen von Schülern ziehen
hier morgens und mittags vorbei, fallen meist in großen Gruppen
wie die Heuschrecken ein, drücken sich die Nasen am Schaufester
platt, blättern in den Comic-Heften, ohne sie zu kaufen, lungern
eine halbe Stunde herum, um einen einzigen Buntstift zu holen,
klauen wie die Raben und treiben den Besitzer in den Wahnsinn. Der eigentliche Daseinszweck dieser Läden sind jedoch die
Stinkbomben, die es sonst nur noch im Fachhandel für Clowns-
Bedarf gibt. Selbstverständlich muss man selbige (die Stinkbomben, nicht die Clowns) direkt nach dem Kauf noch im Eingang zur
Explosion bringen und dann schnell weglaufen. Die nächste Vier-
telstunde stinkt es dann so, als hätte der Mann hinter der Theke
heimlich einen fahren lassen. Nur die Tatsache, dass er sich an der
recht speziellen Kundschaft eine goldene Nase verdient, kann ihm
das harte Los versüßen.

Parallelklasse, die

Der schlimmste Feind einer jeden Klasse ist die Parallelklasse.
Dort sind grundsätzlich alle Kinder doof, aggressiv und total inakzeptabel. Dieses Phänomen bleibt über vier Jahre konstant und
kann nur unter Anstrengungen im individuellen Rahmen über-
wunden werden. Persönliche Freundschaften über Klassengren-
zen hinweg werden nur toleriert, wenn die Beteiligten näher als
500 Meter zueinander wohnen. Insofern sind die Theorien zur
Klassengesellschaft von Marx und Engels total aktuell.

Partnerarbeit, die

Sinn und Zweck der Partnerarbeit ist es, Kinder schon in ganz
jungen Jahren mit einer bitteren Wahrheit zu konfrontieren: In

der Zweier-Zusammenarbeit gibt es immer einen, der alles macht, und einen, der davon profitiert. Kinder, die sich nicht schon in der Grundschule daran gewöhnen, fallen später im Berufsleben oft unangenehm auf, weil sie in der Teamarbeit allen Ernstes eine gleiche Verteilung der Arbeitslast erwarten. Die in der Grundschule immer wieder belohnte Unart, bei Kritik an der Teamfähigkeit heftig zu weinen, sollte man sich vor Eintritt ins Berufsleben allerdings abgewöhnen.

Pausenaufsicht, die
Extrem unbeliebtes Freizeitvergnügen unter Lehrern. Versierte Kräfte stellen sich möglichst unauffällig in eine Ecke des Schulhofs und ignorieren alle Schlägereien, solange kein Blut fließt. Alles andere führt nur zu Scherereien.

Pausenbrote, die
Wichtiger Indikator, der aus Lehrersicht auf die Qualität der Familienversorgung und das soziale Niveau schließen lässt. Wiederholte Gabe von nicht kindgerechten Pausenbroten werden mit Lehrergespräch oder persönlicher Ansprache vor dem versammelten Elternabend bestraft.

PAUSENBROT

Der Elternabend neigt sich dem Ende entgegen, die Ersten rutschen schon ein wenig ungeduldig auf dem Hosenboden hin und her. „So ...", sagt Frau Pauls gedehnt und blickt ein wenig verkrampft auf ihre Notizen, „ein Thema wäre da noch." Sie zögert. „Ich bin verpflichtet, Sie das zu fragen ..." Die Eltern horchen auf. Jetzt wird es offenbar delikat. Geht es um Drogen? Sexualkunde? Vielleicht irgendeine teure Anschaffung? Oder weitere Fronarbei-

ten? Frau Pauls nimmt Anlauf, es hilft ja nichts! „Es geht um ...
die Pausenbrote." Jetzt ist es raus. „Ich muss Sie fragen, ob Sie
sich eventuell freiwillig bereit erklären würden, auf süßes Pausenbrot zu verzichten." Die Elternmenge atmet hörbar ein. „Es geht
schließlich um die Gesundheit der Kinder. Es ist uns aufgefallen,
dass immer mehr Kinder mit süßen Snacks in die Schule kommen. Besser wäre eine Vollkornschnitte oder geputztes Gemüse."
Das bringt unverhofften Schwung in die Runde. Eine ganze Reihe
Eltern nickt zustimmend. Klar, ihre Kinder stehen ja auch in der
Pause immer ziemlich gesund, aber unlecker mit Möhren-Sticks
oder Gurkenschnitzen herum oder nagen an Graham-Käse-Bro-
ten mit Kresse-Keimlingen, während die Klassenkameraden den
Schokoriegel aus der Tasche ziehen und sich den Zuckerflash
fürs Laufdiktat verpassen. Die Menge der Unzufriedenen freilich
überwiegt. Und, ziemlich ungewohnt, sie rebellieren – gleichzeitig und erstaunlich laut!

„Mein Felix verträgt kein Vollkornbrot, da kriegt der unheimlich Blähungen." Nein, das wollen wir nicht wirklich wissen. Felix
würde vor Scham im Boden versinken, wenn er wüsste, wie frei-
giebig seine Mutter die aktuellen Verdauungsprobleme in die
Welt hinausposaunt. Ich mache mir einen mentalen Vermerk,
Felix vielleicht nicht auf die nächste Geburtstagsfeier einzuladen.
Vorsichtshalber.

„Aber Schnitzelbrot ist doch okay, oder?", wirft eine andere
Mutter dazwischen. Ihre rechte Nachbarin legt die Stirn in Fal-
ten. Schnitzelbrot – am Ende sogar mit Ketchup und Mayo? Die
Panade ist doch total fettgesättigt.

„Aber ich geb doch meinem Kind nie Süßes mit", wundert
sich die Mutter eines schüchternen Jungen. David? Daniel? Noch
kann ich sie alle nicht auseinanderhalten.

„Manche Kinder bringen sogar Fastfood-Reste mit!", empört
sich eine Mutter in der hinteren Reihe. „Das waren doch bloß
Chicken McNuggets, du blöde Kuh", möchte ich ihr zurufen.

Dann wiederum: Will ich mich hier wirklich als McDonald's-Fan outen? Und so oft mache ich das ja auch nicht.

„Ich geb meinem Kind mit, was ich will", röhrt ein Vater dazwischen. „Die Susi isst nur Marsriegel." Klar, so sieht sie auch aus. Und der Vater auch.

„Meine Lara hat doch eh nix auf den Rippen, da muss schon mal was Hochkaloriges in die Vesper-Box", erklärt der zweite Vater in der Runde und verschränkt die Arme.

Frau Pauls schaut in die Runde. Mit dem Blick, der sogar freche Viertklässler aus Problemfamilien erstarren lässt. Der Vater neben ihr nimmt sich ein Herz. „Also kurzum: Nein."

„Bitte?"

„Nein. Sie haben doch gefragt, ob wir eventuell bereit wären, freiwillig auf süße Pausenbrote zu verzichten. Nein, sind wir nicht."

Frau Pauls zieht die Luft scharf durch die Zähne. „Nun gut, da komme ich argumentativ wohl nicht weiter." „Ja", bestätigt der Vater neben ihr. Wahrscheinlich ist er auf dem Weg ins Schulgebäude am Mülleimer vorbeigekommen. Und Frau Pauls nicht.

Persönlichkeitsrechte, die
siehe → Datenschutz

PES, das
Steht für „Personalmanagement im Rahmen Erweiterter Selbstständigkeit von Schulen" und wird in Rheinland-Pfalz praktiziert. Es soll den Schulen ermöglichen, auf kurzfristige Ausfälle zu reagieren. PES-Lehrer werden von den Schulen direkt angestellt und müssen nicht unbedingt Lehramt studiert haben – oder überhaupt ein Studium vorweisen. Derzeit gibt es geschätzte 10 000 PES in Rheinland-Pfalz. Je nach Region gibt es auch andere

Synonyme. Dahinter versteckt sich aber immer ein und dieselbe Tatsache: Laienunterricht ist an den Grundschulen gang und gäbe. Dummerweise lässt sich das nur schwer beweisen: Es ist nicht nur so, dass jedes Bundesland sein eigenes Bildungssüppchen kocht, auch die einzelnen Städte und manchmal sogar die jeweiligen Schulen haben ihre eigenen Pläne. Ob dies so ist oder nicht, hängt wiederum vom Bundesland, der Stadt, der Schule und vielen anderen Faktoren ab. Schulen zu vergleichen ist daher mitunter gar nicht so einfach. Auf Deutsch: Die Schulen setzen ein, wen sie wollen und wo sie wollen. Alternativ gibt es ja noch die befristeten Vertretungslehrer, die oft nur für ein Halbjahr eingestellt werden und in den Ferien daher arbeitslos sind.

Petzen, das

Des Grundschülers liebstes Hobby: Dabei geht es natürlich kein bisschen um die Liebe zur Wahrheit. Schon mit sechs Jahren wissen die kleinen Blockwarte in spe, dass man sich selbst besonders leicht erhöht, indem man andere vom Podest schubst. Interessanterweise empfinden viele Lehrerinnen dies als gar nicht so schlimm. Immerhin bleibt man damit immer auf dem aktuellen Stand des Geschehens.

Planungsbewusstheit, die

Keine Ahnung, was das ist, aber ich bin mir sicher, es ist total wichtig, Immerhin taucht dieser Begriff immer wieder auf den Webseiten deutscher Grundschulen im Internet auf.

Positive Beziehungsarbeit, die

Das Gegenteil von „in die Zähne hauen". Sollte in der Grundschule normal sein, wird aber gerne vonseiten der Schulleitung betont.

Post-its, die

Kommunikationsmedium im Austausch zwischen Lehrern und Eltern. Durch das handliche Format sind Eltern gezwungen, ihr Anliegen gut zu durchdenken und prägnant zu formulieren.

1. 2. 2012

Hallo Frau Ackermann,
gerne würde ich mit
Ihnen einen Gesprächs-
termin vereinbaren.
Schön wäre ein
Termin vormittags
oder mittags.
MfG L. Müller

Hallo Frau Müller,
ich kann Ihnen
Di, den 14. 2. um
14⁰⁰ Uhr anbieten.
MfG.
B. Ackermann

Hallo Frau Ackermann,
gibt es eventuell
einen früheren
Termin?
MfG
L. Müller

Hallo Frau Müller,
eventuell kann
ich Sie auch am
Mo. den 13.2.
einschieben.
MfG
B. Ackermann

Herrgott nochmal, das wird doch wohl früher gehen, Sie haben ja schließlich einen Halbtagsjob! MfG. Müller

falsch!

Hallo Frau Müller, nachmittags und abends bin ich leider nicht verfügbar. Sie verstehen sicher, dass ich meine Telefonnummer nicht herausgebe. MfG. B.A.

Hallo Frau Ackermann, wäre dann eventuell ein Telefonat möglich? MfG L. Müller

Hallo Frau Ackermann, es hat sich erledigt. Danke. MfG. F. Müller

Vielen Eltern fällt es allerdings auf Anhieb schwer, hochkomplexe Fragen in wenigen Worten zusammenzufassen. Üben Sie diese Form der Molekularkommunikation daher rechtzeitig zuhause mit dem Ehepartner und klären Sie wichtige Fragen wie beispielsweise die Finanzierungsmodelle für das geplante Haus oder die Buchungen für den großen Sommerurlaub ausschließlich per Klebezettel. Es gelten dabei folgende Regeln:

→ Beschränken Sie sich auf maximal zwanzig Wörter pro Post-it. Mehr passt wirklich nicht auf die kleinen Papierchen.

→ Verwenden Sie ein einziges Post-it. Das nächste dürfen Sie erst wiederanbrechen, wenn eine Antwort gekommen ist.

→ Vermeiden Sie diffamierende Äußerungen – auch bei der zehnten Runde.

→ Fragen Sie niemals nach der Telefonnummer der Lehrkraft.

→ Lassen Sie sich nicht scheiden. Das geht bei der Grundschullehrerin schließlich auch nicht …

→ Übrigens: Übungen zum Thema Terminvereinbarung sind nur für Fortgeschrittene geeignet. Anfänger können noch nicht gut mit den damit einhergehenden Frusterlebnissen umgehen.

Privatschule, die

Angesichts der teils haltlosen Zustände in öffentlichen Schulen (und, ich gebe es zu, auch des Dünkels, den manche Eltern beschleicht, wenn sie ihre Kinder mit dem Plebs zusammen unterrichten lassen sollen) wundert es nicht, dass es in Deutschland Tausende von privaten Grundschulen gibt – rund acht Prozent aller Grundschüler besuchen eine private Institution. Dabei wird so ziemlich jede Spielart der Pädagogik durchexerziert, die es unter Gottes Sonne gibt. Von den aktiven Schulen bis zu bilingualen, fremdsprachigen Schulen, von Europa-Schulen bis zu konfessionsgebundenen Institutionen. Die Überlegung, ob eine Privatschule nicht vielleicht eine schöne Alternative wäre, lässt sich nicht ohne einen kritischen Blick in die Portokasse abwägen. Private Schulangebote liest man am besten wie die Speisekarte eines Drei-Sterne-Restaurants: von rechts nach links, also immer beim Preis beginnend. Es ist nämlich so: Billig ist die soziale Selektion nicht. Logisch, denn wenn sich jeder die private Schule leisten könnte, wäre die Exklusivität ja wieder dahin. Um einige Preisbeispiele zu nennen: An der Erasmusschule Frankfurt kostet das Paket aus Unterricht, Mittagessen und Nachmittagsbetreuung rund 500 Euro im Monat. Immerhin gibt es dafür zweisprachigen Unterricht nach der Immersionsmethode. Die Europäische Schule ist im Vergleich dazu mit rund 3500 Euro pro Jahr fast schon ein Schnäppchen, während die Gebühren der Internationalen Schule Frankfurt das Zeug für einen Atem-Stopper haben: „Das Schulgeld beträgt 16 075 Euro bis 19 075 Euro pro Jahr (Zusatzangebote sind kostenpflichtig)", heißt es auf der Webseite. Für die Montessori-Grundschule muss man dagegen nur 600 Euro im Monat auf den Tisch blättern. Andere Angebote mit weniger prominenten Namen sind sogar für 200 Euro im Monat zu haben – echte Preisknaller! Immerhin: Praktisch alle locken mit Geschwister-Ermäßigung. Wer glaubt, es handle sich um ein Frankfurter Phänomen, darf sich im Internet eines Besseren belehren lassen: München, Hamburg, Berlin und viele andere deutsche Großstädte erfreuen sich einer ähnlich vielseitigen Schullandschaft. Ja selbst das sonst international eher unscheinbare Augsburg hat eine internationale Schule, die immerhin rund 1000 Euro kostet. Falls Sie nun glauben, damit sei alles abgedeckt und das Kind würde morgens mit der Stretchlimousine abgeholt werden – von wegen! Schuluniformen, Bücher, Ausflüge und AGs ..., je nach Konzept kommen da schnell noch ein paar Hundert Euro zusammen.

Trotz der hohen Kosten sind die Plätze natürlich extrem begehrt. Noch vor der Empfängnis sollte man sich daher auf die Wartelisten setzen lassen. Der Versuch, sich kurz vor Ende der vierten Klasse einfach mal so anzumelden, ruft echte Heiterkeitsanfälle hervor, gepaart mit der Angst, es könnte sich beim Bewerber um eine wirklich wichtige Persönlichkeit handeln. Wer sonst würde so dreist und blauäugig davon ausgehen, dass man nach Bedarf einen Platz auf der Privatschule bekommt?

Problemkiez, der

Ein schönes Wort für „da, wo keiner wohnen und schon gar nicht sein Kind zur Schule schicken will". Problemkieze zeichnen sich durch hohe Gewaltraten und geringes aktives Vokabular der Bewohner aus. Weil es unglaublich viel Geld und/oder Aufwand kostet, einen Problemkiez zu verwandeln, sind manche Städte dazu übergegangen, diese einfach durch eine innovative Grenzziehung der Schulbezirke aufzulösen. Vor allem Neuzugänge der „besseren" Viertel erleben daher in der Grundschule hier und da ihr blaues Wunder, während die Kinder einen Schnellkurs in Street Survival absolvieren. Bevor Sie sich ein Haus in einer schicken Gegend kaufen, werfen Sie einfach nochmal einen Blick auf den Pausenhof. Während der Pause natürlich.

Projektunterricht, der

Der Irrglaube, man müsse anständig lesen und schreiben können, um eigenständig Projekte auf die Beine zu stellen, wird meist nur von Ewiggestrigen vertreten. Noch vor den ersten korrekten Worten lernen die Kinder heute interaktiv eigene Ideen zu entwickeln und umzusetzen. Also fast ...

Querulanten, die

Besonders unangenehme Eltern-Spezies, die jeden noch so engagierten Lehrer in den Wahnsinn treibt. Sie sind grundsätzlich gegen alles und jeden. Schlimmer noch, sie lassen keinen Elternabend oder Schulsprechtag aus, genau diese Haltung kundzutun. Siehe auch → Elterntypen – Schulamtpetzen.

Rache, die

Schrammen, Bisswunden, blaue Flecken und offene Wunden: Kinder sind nicht pingelig, wenn es darum geht, ihre Interessen durchzusetzen. Sofern man nicht einem übermäßig großen und schlagkräftigen Kind das Leben geschenkt hat, kommt der Tag, an dem es dem elterlichen Herz nach Rache gelüstet.

Ein klassischer Dialog geht so:
Opfer-Mutter: Matthias hat Bernd in den Bauch getreten.
Schläger-Mutter: Oh ..., das meint der nicht so.
Opfer-Mutter: Er hat einen handtellergroßen Bluterguss. Wir waren sogar beim Arzt!
Schläger-Mutter: Na ja, der kann seine Kräfte noch nicht so einschätzen.
Opfer-Mutter: Das war ja nicht das erste Mal, dass das passiert.
Schläger-Mutter: Ja, ich weiß ..., aber ich weiß doch auch nicht, was ich machen soll.

Opfer-Mutter: Wie wäre es mit Konsequenzen? Hausarrest? Fernsehverbot?

Schläger-Mutter: Ach nein …, der ist doch so sensibel und schaut so gerne fern.

Falls Sie dieser Dialog an das klassische „Der will nur spielen" asozialer Kampfhundbesitzer erinnert … JA!

DER PRAXIS-TIPP:

Nehmen Sie die Sache selbst in die Hand! Wichtig ist dabei: Unbedingt darauf achten, dass keine Zeugen dabei sind. Gute Erfahrungen haben Eltern mit folgenden Sätzen gemacht:

a) Ich mag zwar ganz nett aussehen, aber in Wirklichkeit brenne ich darauf, dich abends alleine zu erwischen. Ach, und übrigens, ich weiß wo du wohnst.

b) Wenn ich du wäre, würde ich nicht mehr alleine aus dem Haus gehen.

c) Warte, bis ich dich allein erwische. Und weißt du was? Ich bin so nett, niemand wird dir glauben, dass ich dich in die Brennnesseln geschubst habe (hier: enorme Steigerungen möglich!) …

Ranzen, der

Das Sinnbild für Erziehung, Status, Bildungsstand und Ambitionen. Also quasi der Kleinwagen des Grundschülers. Wehe, man kommt mit dem falschen Modell an! Bei der Auswahl heißt es aufpassen, denn nicht jedes Motiv trägt die gewünschte Botschaft. Es gelten die folgenden Regeln:

Pädagogisch wertvolle Motive wie Delfine oder Dinosaurier sind okay, auch wenn letztere etwas blutrünstig sind. Immerhin zeigt es, dass die Trägerin (Motiv Delfine) aus einer sensiblen und umweltbewussten Familie stammt oder der Träger (im Fall des

Dinosauriers) zumindest schon universitäre Pläne (ein Paläonto-
logie-Studium) im Blick hat.

- ➞ Abzulehnen sind kommerzielle Comic-Figuren wie Donald
  Duck oder Power Rangers, die auf eine niedere soziale Her-
  kunft schließen lassen. Warum auch immer.
- ➞ Aggressive Motive wie Kampfmaschinen oder Roboter
  deuten darauf hin, dass beim Schulranzenträger in Sachen
  Aggressionsabbau nicht alles zum Besten steht.
- ➞ Von der Schmach, den Ranzen der großen Schwester aufzu-
  tragen, erholt man sich in vier Jahren nicht mehr.
- ➞ Jungen dürfen auf keinen Fall einen Ranzen tragen, den auch
  ein Mädchen besitzt.
- ➞ Auch wenn Sie den erstbesten Ranzen gekauft haben und damit voll zufrieden sind, sollten Sie sich unbedingt im Internet einige Warentest-Urteile herunterladen. Ansonsten droht
  völlige Blamage bei den elterlichen Fachdiskussionen vor den
  Schultoren.

Raumtechnische Unterstützung des Unterrichts, die

Beschreibt die Unsitte, alle paar Wochen den Sitzplan neu zu
mischen. Vor allem für die Gruppenarbeit und Laufdiktate sind
Gruppentische unerlässlich, wenn auch ein orthopädischer Alb
traum. Und, ja, es gibt Kinder, die vier Jahre so sitzen, dass sie
sich zur Tafel umdrehen müssen, weil sie bei der ➞ Rotation nicht
energisch genug ihre Interessen einfordern. Siehe auch ➞ Sitzordnung.

Rechenvorteile, die

Treuepunkte in der Schulkantine? Kundenbindungsprogramme
in der Grundschulpädagogik? Leider nein. Rechenvorteile erge-

ben sich aus geschickten Rechenwegen, die man sich als Eltern am besten von den Kindern erklären lässt.

Recht haben
Zustand, der mit der Verbeamtung eines Lehrers automatisch eintritt und auch nach der Pensionierung nicht erlischt.

Rechtschreibung, die
Völlig überbewertetes Konzept, das die Kreativität der Kinder bremst und langfristig zu Schäden an der kindlichen Seele führt. Grundschulkinder werden daher besonders bei der Methode „Schreiben durch Lesen" nur sehr behutsam an die Rechtschreibung herangeführt. Ein späterer Befall von Rechtschreibung ist aufgrund der dadurch erworbenen lebenslangen Immunität sehr unwahrscheinlich.

Recycling, das
Ein ganz wichtiges Thema im Sachkundeunterricht. Dort lernen die Dritt- oder Viertklässler selbstverständlich, welche Art von Müll in welche Tonne gehört. In der praktischen Umsetzung recyceln die meisten Schüler jedoch einfach nur ihr Pausenbrot in der Mülltonne.

Referenzwerke, die
Eltern, die sich um das schulische Fortkommen ihrer Kinder kümmern, sind auch im Kunstunterricht gefragt. Machen Sie sich mental bereit, in späten Abendstunden mühsam Kinderbilder nachzukorrigieren, Pulswärmer zu häkeln oder Wollhaare auf Selbstbildnisse zu kleben.

Achten Sie dabei unbedingt auf Stil-Authentizität. Erfahrene Eltern orientieren sich daher gerne an Referenzwerken, wie sie (wahrscheinlich genau aus diesem Grunde) in den Gängen der Grundschule ausgestellt sind.

Reflexionsbogen, der

Wenn Kinder sich mal so richtig danebenbenehmen (oder Lehrer beim besten Willen nicht klären können, wer verdammt noch mal mit der Schlägerei angefangen hat), dann muss das angemessen dokumentiert werden. Der Reflexionsbogen (auch Disziplinarpapier) soll dem Übeltäter die Möglichkeit geben, seine Verfehlungen noch einmal genau zu überdenken und Buße zu tun. Wiederholungstäter reißen diese Traktate im Stil sozialistischer Selbstkritik routiniert in fünf Minuten ab, zumal auch die Eltern zuhause auf die passenden Formulierungen des Bedauerns drängen.

Die Tatsache, dass auch Referendare in manchen Bundesländern Reflexionsbögen ausfüllen müssen, kann zu interessanten Missverständnissen auf Seiten der Schüler führen. Vor allem in Problembezirken empfiehlt es sich nicht, diese aufzuklären, um die „Street Credibility" des Lehrpersonals nicht zu schädigen.

Reformpädagogik, die

Unterrichten ohne eine passende pompöse Theorie oder ein Reformkonzept? Geht gar nicht. Überhaupt haftet der Vokabel „Reform" etwas sehr, sehr Positives an. Wie und in welche Richtung reformiert wird, ist egal – Hauptsache anders als die anderen, die die zarten Kinderseelen malträtieren. Derzeit steht das Wort „Reform-" vor allem für die selbstständige Arbeit der Schüler. Kinder sind grundsätzlich in der Lage, alles selbst zu erforschen, nachzuvollziehen oder selbst darauf zu kommen. Schade, dass mir persönlich diese Eigenschaft irgendwann auf dem Weg ins Erwachsenendasein abhandengekommen ist. Ich verstehe die Relativitätstheorie nicht und hätte sie bestimmt auch niemals aus eigenem Antrieb erfunden. Es könnte natürlich daran liegen, dass ich auf einer ganz normalen Grundschule ohne jegliche Reform-Ambitionen war.

Reime, die

Aus unerfindlichen Gründen tummeln sich im Wortschatz aller Grundschüler kryptische Reime, die immer damit beginnen, dass man den Gesprächspartner auffordert „Sag mal …" zu sagen:

„Sag mal Klettergerüst – du hast ne nackte Frau geküsst."

„Sag mal Brett – du warst mit einer nackten Frau im Bett."

„Sag mal Rot – du bist tot."

„Sag mal Tomate – deine Oma kann Karate."

„Sag mal was – deine Hose ist nass." Und so weiter und so fort.

Als adäquate Reaktion bei Unter-Zehnjährigen gilt ein drei-minütiger Kicheranfall oder eine Schlägerei, weil die Unterstellung, man habe eine nackte Frau geküsst (bei Jungs) total ekelig ist. Interessanterweise koexistieren diese eher schlappen Reime problemlos mit ihren harten Konkurrenten à la „Hure" oder „Fick dich". Eine nackte Frau küssen ist halt doch noch schlimmer.

Religionsunterricht, der

Soll das Kind, oder soll es lieber nicht? Wie wichtig ist Religion? Selbst völlig gottlose Eltern entdecken angesichts dieser Fragen auf einmal ihre spirituelle Ader. Das Kind soll schließlich später selbst entscheiden können, ob es sich dem Glauben zuwenden will. Viel wichtiger ist freilich die Frage: Was gibt es denn statt-dessen? Findet der Religionsunterricht in den Randstunden statt, lockt statt Himmelreich einmal pro Woche Ausschlafen.

Auch die Frage, wer denn da Unterricht gibt, ist nicht ganz uninteressant. Ist es eine Lehrerin? Oder der Pfarrer? Oder gar eine ganz andere Kraft? Obwohl ein Religionslehrer idealerweise das Staatsexamen haben sollte, geht es in Absprache mit der Religionsgemeinschaft auch mal ohne die passende Qualifikation. Hier und da überrascht der Religionsunterricht daher auch mit spannenden Inhalten. Zum Beispiel dem Schwerpunkt auf christliche Märtyrer in der zweiten Klasse. Oder dem Auswendiglernen von Psalmen.

TIPP: EINFACH MAL INS HEFT SCHAUEN!

Interessant ist übrigens, dass es per Grundgesetz weder das verbriefte Recht auf Mathematik noch auf Deutsch oder Sachkunde gibt, wohl aber auf Religionsunterricht. (Wer's nicht glaubt: Artikel 7 Absatz 3, Grundgesetz.)

KAUM ZU GLAUBEN

Spätestens mit dem ersten Gehaltsscheck, an dem die Kirche gerne in Form von Kirchensteuer teilhaben möchte, erledigt sich für manch einen das Thema „Kirche" von selbst: Für den Austritt braucht es nicht viel, eine kurze Unterschrift, und fertig ist der Agnostiker.

Logisch, dass auch längst nicht alle Kinder getauft sind. Bis zur Grundschule ist das kein Problem: Weihnachten und Ostern kann man auch ohne offizielle Zugehörigkeit zu einer christlichen Gemeinschaft ganz prima feiern, und wer fragt schon im Alltag nach der Religionszugehörigkeit. In der Grundschule ist das freilich anders. Soll das Kind am Religionsunterricht teilnehmen? Und wenn ja, an welchem? Gute Frage. Muss man sich in der Bibel auskennen? Was, wenn mein Kind am Ende Adam und Eva nicht kennt, Sodom & Gomorrha für ein Party-Motto und Judas für einen vertrauenswürdigen Vornamen hält? Außerdem, im

Religionsunterricht malt man doch sowieso nur Bilder und hört Geschichten. Also gut. Evangelisch dann. Der erste Kontakt mit der Welt des Glaubens ist ein echter Fehlstart: „Und dann hab ich gesagt, es gibt doch gar keinen Gott ...", erfahre ich kurz nach Beginn des ersten Schuljahres abends bei einem Gespräch am Esstisch. Prima Einstieg. Dann folgt lange nichts. Auf Nachfrage höre ich immerhin: „Wir singen." Oder: „Wir lesen Abenteuer-geschichten."

Richtig spannend wird das Thema Religion allerdings am Elternabend der zweiten Klasse. „Meine Tochter hat in letzter Zeit nur noch Albträume und fragt mich immer wieder, wann ich sterbe", bricht es aus einer Mutter heraus: „Geht euch das auch so?" Und siehe da, gut ein Drittel aller Kinder, allesamt evange-lisch, kämpft mit Einschlafschwierigkeiten, Albträumen und Ver-lustängsten. Doch warum? Die Lösung liegt im Religionsheft ver-steckt: blutige Darstellungen, die jedem Thriller gut stünden, randvoll mit Sünde, Schuld und Märtyrertum, Müttern, die ster-ben (aha!) und immerhin in den Himmel kommen, Christen, die im alten Rom auch unter Folter nicht vom Glauben lassen. „Ich kümmere mich darum", verspricht die Klassenlehrerin.

Zur dritten Klasse erledigt sich das Thema von selbst: Von nun an hält eine waschechte Pfarrerin den Religionsunterricht. Aller-dings in der Light-Besetzung – ohne die Ungetauften. Schließlich wird nun Konfirmationsvorbereitung betrieben, und da sind Un-getaufte nicht erwünscht. „Vielleicht können die ja zu den Katho-liken", schlägt der Direktor vor, „da wäre noch Platz." Ganz so wahllos wollen die meisten die ideologische Indoktrinierung ihrer Kinder dann doch nicht aussuchen. Interessant bleibt: Man sollte denken, die evangelische Kirche wüsste es zu schätzen, wenn man ihr ein Kind zur Glaubensakquise anvertraut. Doch weit ge-fehlt. Die vier religionslosen Kinder nehmen fortan stattdessen am Förderkurs Deutsch teil. Die dahinterliegende Logik ist be-stechend: Nicht getaufte Kinder sind im ländlichen Deutschland natürlich ausländischer Herkunft. Genauso logisch, dass man sich um deren Deutsch-Defizite kümmern muss. Also ab in die Sprachförderung, die von der Küchenkraft gehalten wird. Falls Sie jetzt innerlich aufjaulen: Völlig unnötig! „Ich will sowieso nie wieder in Religion", sind sich die „gottlosen" Kinder einig. „Und der Unterricht bei Agnes macht viel mehr Spaß."

Restekiste, die
Es gibt sie in jeder Schule: eine obskure Kiste, in der alle verlorengegangenen oder an den abstrusesten Orten aufgelesenen Kleidungsstücke verwahrt werden. Einzelne Handschuhe, Schals, vergessene Turnbeutel. Mitunter kommt man bei der Durchsicht schon ins Grübeln: Gibt es allen Ernstes Familien, in denen der Verlust einer nagelneuen Jack-Wolfskin-Jacke nicht auffällt? Und wie kann man im Winter eine Jeans vergessen, ohne es zu merken?

Rhythmisierter Tagesablauf, der
Bedeutet nichts anderes, als dass die Kinder jeden Tag dasselbe tun. Alternativ kann die Rhythmisierung auch durch eine Samba-Combo erfolgen, die den Kindern mit heißen Rhythmen einheizt, was in Deutschland aber eher selten geschieht.

Rotation, die
Dieser Begriff bezieht sich auf die → Sitzordnung. „Heute haben wir uns umgesetzt", ist ein Satz, den viele Eltern schnell fürchten lernen. Mit jeder Umzugsaktion rutschen die Leisen und Braven nämlich eine Reihe weiter nach hinten. Auch die Kinder der Eltern, die das daraus resultierende Lerndefizit zuhause gut ausgleichen können, landen gerne in der letzten Reihe – „Die Lena ist doch sowieso gut in der Schule ..."

Anders als in der weiterführenden Schule, wo ein Platz in der hinteren Reihe Ruhe vor dem Lehrer verspricht und das Risiko, einen aktiven Beitrag leisten zu müssen, minimiert, lechzen die Schüler in der Grundschule noch schier danach, in der ersten Reihe die Lehrerin anhimmeln und ihrem Idol ganz nahe sein zu dürfen. Die erste Reihe ist quasi eine Belohnung, ein Ziel, ein Platz kurz vor dem Olymp. Aus Lehrersicht ist es durchaus sinnvoll, die Störer und Hyperaktiven in die erste Reihe zu setzen, um sie effizient zu bremsen.

Salate, die

Gehören ähnlich wie die → selbstgebackenen Kuchen zu den wichtigsten Frondiensten. Hin und wieder sind Eltern auch aufgefordert, Salate für das Buffet des Schulfestes oder Ähnliches zu spenden. Wichtig: Sie sollten unbedingt Getreidekörner oder selbstgezogene Gartenkräuter enthalten. Gekaufte Kartoffelsalate bedeuten das soziale Aus! Auch die Benutzung von Tupperware-Schüsseln zeugt von guter Integration ins dörfliche Milieu. Im städtischen Umfeld kann dieses Detail entfallen.

Sammelkarten, die

Star Wars, Fußball-Bundesliga, Müll-Bazillen, Monster-Highschool, Disney-Figuren … Es gibt nichts, was es nicht gibt, das aber in immer schnellerer Abfolge. Auf Grundschulkinder üben sie eine unwiderstehliche Anziehungskraft aus. Leider sind sie echte Geldfresser: Zwischen 70 Cent und fünf Euro kostet ein Päckchen. Und weil wirklich alle diese Karten haben, kann man sich dem aktuellen Trend auch kaum entziehen. Außerdem: Auch wenn sich Eltern jenseits aller pädagogischen Modelle und Vorstellungen einig sind, dass die Welt ohne Sammelkarten eine bessere wäre – womit sollte man Sam locken, ein Buch zu lesen? Tanja überreden, endlich vom Dreier zu springen? Sammelkarten sind die ultimative Währung im Korruptionsgeschäft der Erziehung. Nur einen Fehler darf man nicht begehen: Zu viele kaufen. Mit ein wenig Pech sind genau diese Tütchen dann wenige Wochen später wieder völlig außer Mode. Bis dahin allerdings ist der Gruppenzwang groß, ausgerechnet die eine „coole" Art von Karten zu sammeln.

Kein Wunder, dass viele Schulen das Tauschen oder „Klatschen" (man wirft die Karten aufeinander und versucht die des Gegners umzudrehen. Falls es gelingt, darf man die Karte behalten) von Sammelkarten auf dem Schulgelände kategorisch verbieten.

AUF DEM SAMMELKARTENSTRICH

Auf dem Schulhof sind sie verboten. Auf der Straße davor natürlich nicht. Vor den Toren der Grundschulen entwickelt sich daher im Handumdrehen ein regelrechter Schwarzmarkt. Konspirativ steht ein Drittklässler vor der Tür, immer wieder einen Blick nach rechts und links werfend. „Star Wars", raunzt er, „ich tausche, ich hab sogar einen 99-er Angreifer." „Wie viel Defence?", will ein potenzieller Kunde aus der Vierten wissen. Dann winkt er ab, 85 ist definitiv zu wenig. „Fußballbilder klatschen?", bietet ein anderer an, in der rechten Hand eine aufgefächerte Kollektion kleiner Fußball-Aufklebebilder. Hier heißt es schnell sein: Nur die aktuellen Bildchen sind als Handelsware wertvoll. Ist die Bundesliga-Saison erst vorbei, kann man die Sammelalben getrost wegschmeißen. Oder bis zum zwanzigsten Geburtstag warten, noch einmal wehmütig hineinschauen und sie dann wegschmeißen. Andere wiederum kehren wie Untote immer wieder zurück: Pokémon und Yu-Gi-Oh-Karten erleben auf der weiterführenden Schule das eine oder andere Revival.

Schimpfwörter, die

Mit dem Eintritt in die Grundschule beginnt auch sprachlich eine neue Ära. Vor allem Einzelkinder, die bisher nicht vom Sprachschatz älterer Geschwister profitieren konnten, erhalten die Gelegenheit, sich hier ein völlig neues Vokabular zu erarbeiten.

Eltern sollten sich rechtzeitig darüber Gedanken machen, wie sie das neue Wortgut adäquat erklären. Bei so betörenden Worten wie „arschge**** Hure" oder Ähnlichem (ein klassischer Zweite-Klasse-Neuerwerb) ist das gar nicht so einfach.

Schließung, die

Für alle, die extra von der Stadt aufs Land ziehen, um ihren Kindern eine unbeschwerte Kindheit zu garantieren, hat das Leben bzw. das Schulamt manchmal eine fette Überraschung parat: Kaum hat man die Tapeten gestrichen und die Kisten ausgepackt, macht die lokale Grundschule die Tore dicht. Dies geschieht öfter, als allgemeinhin bekannt. Vor allem abgelegene Regionen und dörfliche, eingemeindete Stadtteile tun sich schwer, die erforderliche Klassenstärke zusammenzukratzen. Kein Wunder, dass von der Schließung bedrohte Schulen dies ganz bestimmt nicht kundtun, sonst bliebe ihnen ja komplett die Klientel weg.

Ein gutes Indiz für den drohenden Schul-Exitus ist das Adjektiv „einzügig" in der Schulbeschreibung. Zu Deutsch: In jeder Jahrgangsstufe gibt es nur noch eine Klasse. Ist diese dann auch noch lauschig klein, ist es eigentlich nur noch eine Frage der Zeit, bis irgendjemand auf die Idee kommt, man könne sich die Kosten doch gleich sparen. Genauso wackelig stehen die „Ableger" da, auch als „Außenstellen" bekannt. Dabei handelt es sich um Dorfschulen, die theoretisch zu einer größeren Schule dazugehören. Für sie gilt beispielsweise die bayerische „Bestandsgarantie" nicht, auch wenn sich der Schulalltag in nichts von der Hauptstelle unterscheidet. Allein in Bayern waren 2014 rund ein Fünftel aller Grundschulstandorte von der Schließung bedroht. Pikanterweise wissen die Eltern oft nicht einmal genau, ob es sich um einen Ableger handelt oder nicht. Der Abstieg ist graduell: Wird die Grundschule beispielsweise von einer benachbarten Einrichtung aus geleitet, fällt es gar nicht weiter auf, wenn sie ihre rechtliche Eigenständigkeit verliert und in eine Zweigstelle verwandelt wird. Kommt es dann zur Schließung, ist rechtlich nicht einmal mehr eine Bürgeranhörung nötig.

Schreibschrift, die

Eine ganz wichtige Diskussion in der Grundschule lautet: Darf man absetzen oder nicht? Dabei geht es nicht um die Antibaby-pille, sondern um – den Stift. Bei der Schreibschrift darf man nämlich nicht, bei der unverbundenen, serifenlosen Vereinfach-ten Ausgangsschrift schon. Doch welche ist die beste? Die Gräben zwischen den verschiedenen Lagern sind tief und die Materie tod-ernst! Immerhin gibt es an einigen Universitäten sogar das Fach „Handschrifterwerb und -didaktik"!

Auch historisch gesehen ist die Frage nach der richtigen Schrift eine extrem wichtige. Wie weit diese Marotte geht, zeigt der Bor-mann-Erlass aus dem Jahr 1941, der auf Geheiß Hitlers die goti-sche Frakturschrift als „Schwabacher Judenlettern" verdammte und die Antiqua-Schrift zur Standardschrift erhob. Interessanter-weise war es erst 1937 Juden verboten worden, just jene Fraktur-schrift zu verwenden, da sie als typisch deutsche Schrift galt.

Der Hauch von Ideologie haftet den Schriften ohnehin schon länger an: Bereits 1916 plädierte der Pädagoge Fritz Kulmann dafür, die Schüler selbst die Buchstabenform entwickeln zu las-sen und dadurch ihre eigene Schreibform zu finden – allerdings nicht ohne immer wieder zu versichern, dass er keinesfalls durch ausländische Einflüsse dazu inspiriert worden sei! Nachdem diese Idee wieder recht unspektakulär untergegangen war, kam die Süt-terlin-Schrift. Sie gilt heute bei vielen als typisch für die 1930er und 1940er und damit fast schon als rechtes Symbol. Doch ganz im Gegenteil! Mit der Schriftreform 1941 sollte auch die Sütter-linschrift verschwinden, denn sie schien den Nazis, genauso wie die Frakturschrift, nicht geeignet, das unter deutscher Herrschaft vereinte Europa zu regieren: In den besetzten Ländern konnten die Menschen diese Schriften nur mit Mühe lesen. Die größen-wahnsinnigen Weltherrschaftspläne verschwanden 1945, nicht jedoch die Schrift: 1954 wurde die „Lateinische Ausgangsschrift" als Hauptschrift bestätigt. Seither versucht man sich durch die eine oder andere Veränderung der Normschrift noch ein wenig mehr dem Ideal einer pädagogisch wertvollen Schrift zu nähern. Schnörkellos soll sie sein, da ist man sich seit den 1960ern einig. Doch wie genau? Die Schulausgangsschrift aus dem Jahr 1968 war als Verbesserung der lateinischen Schreibschrift gedacht, während die Vereinfachte Ausgangsschrift aus dem Jahr 1972 auf der Druckschrift Antiqua fußte. Das Konzept der unverbundenen Grundschrift, wie sie derzeit diskutiert wird, soll wiederum die Schreibschrift völlig überflüssig machen. Im Grunde ist das nichts anderes als ein Neu-Aufguss des Kulmann'schen Konzepts von 1916, nur dass man sich heute nicht mehr verrenken muss, um eventuelle europäische Einflüsse von sich zu weisen ...

ACHTUNG!

Eines der Hauptargumente für die Einführung der Grundschrift ist: Zwei Schriften zu lernen überfordert die Kinder und ist unnötig. Auf das Argument, dass nach dieser Sichtweise auch große Teile des Lehrplans unnütz sind, reagieren Lehrer erfahrungsgemäß nicht gut. Auch Diskussionen über Chinesen und Japaner, deren Kinder in der Grundschule rund 3 000 unterschiedliche Zeichen nicht nur memorieren, sondern auch in ansprechend schöner Schrift schreiben lernen müssen, stoßen ob der Schrecken einer zweiten Schrift meist nur auf wenig Verständnis.

DER PRAXIS-TIPP:

Versuchen Sie gar nicht erst, Ihrem Kind in die Schrift zu pfuschen. Sie können was drauf wetten, dass das *g* oder *k,* das *t* oder das *s* heute ganz anders geschrieben werden. Abweichungen werden streng geahndet und können dazu führen, dass das Thema auf dem Elternabend in einer zweistündigen Diskussion ausführlich erörtert wird.

Schulamt, das

a) Quelle seltsamer Pädagogikkonzepte, die so lange in die Praxis umgesetzt werden müssen, bis sich wirklich niemand mehr findet, der sie unterstützt.

b) Lieblingsgesprächspartner renitenter Eltern.

c) Unerschöpflicher Quell von seltsamen Bestimmungen im Schulalltag.

Schulaufführung, die

Niemand kommt daran vorbei, Ausreden sind sinnlos: Abendfüllende Veranstaltungen, bei der das eigene Kind entweder schrecklich falsch simples Liedgut zum Besten gibt oder dilettantisch verkleidet einen Theaterdialog stammelt, gehören zur Grundschulzeit dazu wie der Ranzen. Später wird es übrigens nicht besser, sondern nur die Theaterstücke länger. Und glauben Sie nicht, dass eventuelle Lücken im Zuschauerraum übersehen werden, nur weil es dunkel ist. Kinder können auf der Bühne auch bei Gegenlicht und über beeindruckende Distanzen hinweg feststellen, ob die Eltern a) am Platz sind und b) auch wirklich zuhören.

DER PRAXIS-TIPP:

→ Kommen Sie so rechtzeitig, dass Sie sich den Platz aussuchen können. Nehmen Sie dabei niemals die erste Reihe. Hier besteht die Gefahr, zur aktiven Publikumsbelustigung auf die Bühne geholt zu werden.

→ Nehmen Sie niemals Freunde mit. Oder jedenfalls nicht solche, die es bleiben sollen.

→ Flüstern Sie Ihrem Kind nicht den Text vor.

→ Liegen Sie nicht dem Sitznachbarn in den Ohren, wie toll Ihr Kind dies oder jenes gemacht hat. Mit großer Wahrscheinlichkeit hat er selbst ein Kind auf der Bühne. Und das ist toller!

Schulausgangsschrift, die

Wie unter → Schreibschrift erläutert: Auch dieser Name täuscht: Es handelt sich nicht um den Lageplan aller Notausgänge, sondern schlicht um die Schriftart, die die Kinder in der Schule lernen. Oder eben nicht. Oder manchmal. Und nicht überall. Sie wurde 1968 von der ostdeutschen Grafikerin Renate Tost zusammen mit der Diplompädagogin Elisabeth Kaestner entwickelt und in der DDR verbindlich eingeführt. Logisch, dass so ein Ostimport im Westen ideologisch eigentlich nicht haltbar ist. In Berlin, Sachsen, Sachsen-Anhalt und dem Saarland wird sie allerdings verbindlich unterrichtet, in einigen anderen Bundesländern steht es den Schulen frei, ob sie sie verwenden.

Schuleingangsphase, die

Klingt ein bisschen wie das Gegenteil der Schulausgangsschrift. Gemeint sind allerdings nur die ersten Wochen der ersten Klasse.

Schülertypen, die

Genauso wie es eine Reihe von festgelegten → Eltern- und → Lehrertypen gibt, lassen sich auch die Grundschüler erstaunlich gut in Kategorien einteilen – immer mit der Option des fließenden Wechsels zur nächsten Kategorie:

Die Anführer

Der Anführer ist der Chef. Logisch. Er rennt am schnellsten, lässt sich nichts gefallen und ist sich sicher, dass ihm diese Position quasi naturgemäß zusteht. Genauso logisch ist aber auch: Für Anführer gilt das Highlander-Motto: „Es kann es nur einen geben." Dummerweise heißt das noch lange nicht, dass sich nicht in der Klasse trotzdem zwei oder drei Anwärter tummeln. Solange es je ein Junge und ein Mädchen sind, geht das durchaus okay. Wehe aber, es buhlen zwei gleichgeschlechtliche Anführer um die Gunst der Klasse. Schlimmer noch: Wenn sie ihre Eignung für das Anführer-Amt aus verschiedenen Quellen ableiten: Kloppe gegen Hirn, Hemmungslosigkeit gegen Raffinement, Drohungen gegen Hinterfotzigkeit – diese Konflikte lassen sich mühelos über vier Jahre ziehen.

Die Schafe

Mal ehrlich, es ist nicht jeder zum Anführer geboren, richtig? Die Schafe sind das Fußvolk, das dem Klassenanführer kritiklos hinterhertrottet, jede noch so blöde Idee fraglos unterstützt und beim nachfolgenden Kreuzverhör auf die Frage „Warum habt ihr das getan?" nur mit einem ratlosen Schulterzucken antwortet. Im Unterricht fallen sie nicht weiter auf, obwohl Denken nicht zwingend zu ihren Stärken zählt.

Die Unschuldigen

In Anwesenheit von Erwachsenen sind sie grundsätzlich brav und possierlich anzusehen. Niemals würden sie gegen Regeln verstoßen oder anderen Kindern Böses tun. Zumindest nicht, solange jemand zusieht. Auf dem Pausenhof oder bei Spielenachmittagen freilich dringt der wahre Charakter ans Licht: Sie terrorisieren grundsätzlich alle Kinder, die nicht sofort dasselbe Alphatier-Verhalten an den Tag legen wie sie. Ihre potenten Waffen sind Kratzen, Schlagen, Treten und natürlich das Gerücht. Erwischt man sie dabei, werden sie so lange von Heulkrämpfen geschüttelt, bis sie ihren vermeintlichen Opferstatus zementiert haben.

Die Unsichtbaren

Eigentlich sind sie gar nicht da: Die Unsichtbaren sind so unscheinbar, dass man sich schon zwei Jahre nach Ende der Grundschulzeit nicht mehr an ihre Namen erinnert. Außer sie werden im Erwachsenenalter richtig erfolgreich. Bis dahin fristen sie ein

Dasein als Mauerblümchen, werden von Mitschülern und Lehrerinnen gleichermaßen übersehen und wurschteln sich notenmäßig durch. Wetten, in der Klasse Ihres Kindes ist auch mindestens ein Schüler oder eine Schülerin dieser Kategorie? Die ..., wie heißt sie noch mal?

Die Aggressiven

Erst zuschlagen, dann fragen, lautet das unausgesprochene Motto dieser Spezies. Von Reden halten sie erst einmal wenig, wohl auch, weil ihnen der Umgang mit Worten nicht so liegt. Wahrscheinlich haben sie auch sonst noch ein paar Eigenschaften, die jedoch niemand erahnt – wer will schon im näheren Kontakt eins auf die Fresse?

Die Petzen

Lange bevor sie eingeschult werden, wissen die Petzen: Nur wer andere niedermacht, kommt geschmeidig nach oben. Kaum hat Paul sein heimlich mitgebrachtes und natürlich unerlaubtes Taschenmesser ausgepackt, schnalzt der Petzen-Arm nach oben: „Frau Ackermann, der Paul hat ..." Generell sind sie nicht in der Lage, diesen Trieb zu unterdrücken oder andere Geheimnisse zu bewahren.

Die Schrägen

Jede Klasse hat mindestens einen dieser Sorte. Meist sind es Jungen, was vielleicht aber auch schlicht daran liegt, dass man Mädchen eher eine zurückhaltende oder seltsame Art verzeiht. Wüsste man es nicht besser, sie könnten glatt die Nachfahren der Lehrer der Kategorie „Außerirdisch" sein: Auch sie scheinen sich auf diesem Planeten nicht wirklich zurechtzufinden und tragen die unsichtbare Markierung „Bitte mobben" auf der Stirn. Sie erzählen die falschen Witze zur falschen Zeit, tragen die falschen Klamotten und sind nicht schlagkräftig genug, den abfälligen Bemerkungen der Klassenkameraden mit einer ordentlichen Ohrfeige zu begegnen. Schon aus Mangel an Freunden (und weil Games im Gegensatz zu anderen Menschen so leicht zu verstehen sind) verbringen sie viel Zeit vor dem Computer.

Die Beliebten

Sie sind das genaue Gegenteil der *Schrägen*: Jeder mag sie, jeder wäre gerne mit ihnen befreundet, und notenmäßig sind sie auch immer weit vorne. Warum das so ist, lässt sich oft gar nicht mehr feststellen: Ist der Status als Beliebte/r erst gefestigt, buhlen sogar die Anführer um ihre Gunst. Konkurrenten sind sie ja nicht – warum auch? Wer von allen gemocht wird, muss sich gar nicht mehr zum Chef aufspielen.

Doch es gibt auch eine Menge Mischformen: Aggressive können Anführer sein, Petzen natürlich auch Unschuldige. Nur die Unscheinbaren und die Schrägen tun sich schwer, zu einem anderen Typus zu wechseln. Nicht zuletzt, weil sich die Klasse dann ein anderes Mobbing-Opfer suchen müsste. Viel zu aufwendig ...

Schulhund, der

Kein Witz, das gibt es. Besitzt ein Lehrer einen lieben Hund, darf er ihn als Schulhund mitnehmen. Oder um es mal offiziell zu sagen: „Ein Schulhund wird in Schulklassen eingesetzt, um soziale und emotionale Kompetenzen zu fördern, das Arbeiten in der Klassengemeinschaft zu verbessern, Lernprozesse positiv zu beeinflussen und das Wohlbefinden in der Schule zu steigern. Er begleitet den Lehrer, der gleichzeitig sein Halter und Trainer ist, regelmäßig im Unterricht." Das klingt nach einer Super-Hunde-Betreuungsmöglichkeit für alleinstehende Lehrer ...

Und so sieht die Arbeit in der Klasse dann aus:

„1. Freie Interaktion:
In der ersten Zeit findet zwischen dem Hund und den Schülern in der Regel überwiegend eine freie Interaktion statt. Dabei kann der Hund frei in der Klasse agieren und Kontakt zu Schülern aufnehmen.

2. Gelenkte Interaktion:
Die Freie Interaktion wird nach und nach durch Phasen der gelenkten Interaktion ergänzt. Dabei wird der Hund gezielt im Unterricht eingesetzt, insbesondere im Rahmen von Übungen zum sozialen Lernen, zum Abbau von Aggressionen, zum Umgang mit Gewalt, etc."

Schulprofil, das

Im Grunde wird an allen Grundschulen das Gleiche unterrichtet – schon gesetzlich muss dies so sein. Weil das aber total langweilig ist, hat jede Grundschule ein eigenes Grundschulprofil, das sich durch viele kryptische Vokabeln auszeichnet und die individuelle Entwicklung des Kindes betont.

Schulreife, die

Früher war alles ganz einfach: Wer sich mit der rechten Hand über den Kopf ans linke Ohr fassen konnte, war schulreif. Heute gibt es eine ganze Reihe von Untersuchungen, die sicherstellen sollen, dass die Kinder nicht zu früh eingeschult werden. Oder gar zu spät. Nach dem Einberufungsbefehl heißt es in einer Untersuchung allerhand Bilder zu benennen, ohne dabei zu lispeln, verschiedene Fragen zu beantworten und eine Rot-Grün-Blindheit auszuschließen. Wer trotz dieser überzeugenden Tests der Meinung ist, sein Kind sei nicht schulreif, darf sich mit den Kriterien für die Rückstellung herumschlagen. In Berlin scheint es nach

Elternstimmen besonders schwierig zu sein, das Kind zurückstellen zu lassen. Selbst unschlagbare Argumente (Mein echter Lieblingsfall aus einem Elternforum im Netz: Marc, 5 Jahre, ist körperlich noch so klein, dass er alleine nicht einmal die Schultür aufschieben kann ...) sind dort kein Grund, dem Kind die Sozialisierung auf dem Schulhof zu ersparen.

Schulscharf

Richtig ist: Viele Sechsjährige sind ziemlich scharf darauf, in die Schule zu kommen und können es gar nicht erwarten, in die Geheimnisse des Lesens und Schreibens eingeweiht zu werden oder (etwas profaner) endlich zu den Großen zu gehören. Hinter dem Begriff schulscharf verbirgt sich jedoch etwas anderes: Schulscharf bedeutet, dass die Schule ziemlich scharf ist auf eine bestimmte Lehrerin, die genau das Profil anbietet, das die Schule braucht. Und natürlich, dass sie diese dann auch einstellen darf. Scharfe Sache, das! Übrigens ganz offiziell ...

Schultüte, die

Die gekaufte (pfui!) Schultüte zeigt: Hier wurde das kreative Potenzial der Herkunftsfamilie sträflich vernachlässigt! Generell gilt: Je kommerzieller das Motiv der Schultüte, desto prekärer die soziale Herkunft des Trägers. Besonders lobenswert sind Schultüten, die in Zusammenarbeit mit dem Kind hergestellt wurden, aus Naturmaterialien bestehen und selbstverständlich nur mit hochwertiger Bio-Kost (Gelatinefreie Gummibärchen oder so) und natürlich pädagogisch wertvollen Spielsachen gefüllt wurden. Da die ideologische Indoktrinierung zum Thema Schultüte bereits in den Kindergärten betrieben wird, sind in der Regel 90 Prozent aller Eltern bereits zu Schulbeginn sensibilisiert und verhalten sich linientreu.

GRUNDAUSBILDUNG AN DER SCHULTÜTE

„Kann man die nicht kaufen?" Sechs Mütter blicken fassungs-
los auf und lassen die Kindergartentäschchen sinken. Schlag-
artig wird es ruhig im Vorraum des Kindergartens. Kaufen? Schultüten? „Schon", gibt eine etwas füllige Mutter zu, „aber das ist
doch pädagogisch wertvoller, wenn man sie zusammen mit dem
Kind bastelt." Und dann das Killer-Argument: „Das machen wir
hier immer so." Ein mentaler Vermerk: Einfach eine kaufen und
als selbstgebastelt ausgeben. Oder wäre es vielleicht wirklich besser ...?

Heute weiß ich: Schultüten basteln ist nichts anderes als das
erste Boot-Camp für Grundschulmütter. Die Grundausbildung,
mit der die richtige Disziplin eingeübt wird, die erste Dosis einer
umfassenden Hingabe gepaart mit Sinnlosigkeit. Weil die selbst-
geklebten Schultüten sowieso nicht halten – und man es trotzdem tut.

Schulweg, der

Es ist dunkel, nur eine einsame Laterne wirft ihr gespenstisches
Licht auf die Straße. Nebel wabert aus dem Gebüsch, und es ist so
still, dass selbst Kinderschritte unheilvoll verhallen. Einsam trot-
tet eine verloren kleine Gestalt mit riesigem Schulranzen über den
Asphalt – eine regelrechte Einladung für Sittenstrolche, Entführer
und anderes Gesindel! Falls sich Ihnen jeden Wintermorgen dieses
Spektakel bietet – willkommen im Club der Angst-Eltern. Bei allen
Bemühungen, Laufgruppen zu bilden und den Schulweg sicher zu
gestalten – ganz aus der Welt schaffen lassen sich die Befürchtun-
gen nicht. Jeder einsame Gassi-Geher ist schließlich ein potenzieller Krimineller, jedes vorbeifahrende Auto eine Gefährdung, und
was will überhaupt der seltsame Mercedes da vorne. Warum sitzt
der Fahrer morgens um halb acht da so einsam am Steuer?

Schule schwänzen

Nein, in dem Alter kommen die meisten Kinder noch nicht darauf, die Schule einfach mal so ausfallen zu lassen. Die Eltern wohl. Vor Beginn der Schulferien (also den letzten Tagen der preislich so attraktiven Tief- bzw. Mittelsaison) patrouillieren an den deutschen Flughäfen daher verstärkt Polizisten, die sich verdächtige Kandidaten herausgreifen. Und nein, das ist kein Witz, sondern Realität und wird mit bis zu 2500 Euro Strafe geahndet. Wer dergleichen plant, sollte unbedingt von einem kleineren Regionalflughafen abfliegen, wo die Kontrollen geringer ausfallen.

Schwangerschaft, die

Körperlicher Zustand, der zur Überraschung der Grundschuldirektoren immer wieder einen großen Teil der weiblichen Lehrerschaft dahinrafft. Eine Schwangerschaft führt in Kombination mit dem → Beamtenstatus grundsätzlich zu einer Arbeitsunfähigkeit und verursacht damit große Lücken im Lehrer-Einsatzplan. Der daraus resultierende Vertretungsunterricht durch freiwillige Kräfte (→ PES) zeichnet sich meist durch rege → Mandala-Aktivitäten aus. Als offizielle Begründung wird meist die angeführt, der betreffenden Lehrkraft mangele es an Antikörpern gegen verbreitete Kinderkrankheiten. Auf Deutsch: Sie hat die Röteln-Impfung verpennt ...

Schwankende Mitarbeit, die

Anders als der Begriff vermuten lässt, handelt es sich nicht um ein Alkoholproblem, sondern um mangelnde Konzentration oder schlichte Unlust der Schüler.

Schwätzeritis, die

Nicht nur Grundschullehrer sind vom unstillbaren Drang betroffen, Vertrauliches in die Öffentlichkeit hinauszuposaunen, auch auf Elternabenden geschehen in dieser Hinsicht erstaunliche Dinge. Ansonsten ruhige Menschen schwingen sich zu logistischen Meisterleistungen auf: Weil es abends in der Regel schon zu spät ist, den Nachwuchs in die Details der abendlichen Besprechung einzuweihen, fassen sie am Frühstückstisch sämtliche Dialoge kurz zusammen und heben die wichtigsten Punkte hervor. Hier erkennt man die wahren Meister der Kommunikation!

TIPP:

Lassen Sie sich auf Elternabenden von der lauschigen Atmosphäre nicht in die Irre führen: Alles, was hier besprochen wird, findet zuverlässig seinen Weg auf den Schulhof und ins Lehrerzimmer.

Schwerhörigkeit, die

Typisches Grundschullehrerleiden und unausweichliche Folge jahrelangen Unterrichtens. Die Folgen dieses Berufsleidens sind nicht zu unterschätzen. Eventuell sind diverse Probleme mit der Vertraulichkeit auf diesen Umstand zurückzuführen. Andererseits macht genau dieses Leiden wahrscheinlich erst möglich, entspannt mit den Kindern umzugehen – der Nervfaktor Lautstärke entfällt ja dann, und die frechen Bemerkungen gehen im allgemeinen Hintergrundrauschen einfach unter.

Schwerhörige Lehrer sind bei Anfahrt zum und Abfahrt vom Arbeitsplatz großräumig zu umgehen.

Schwungübungen, die

Endlose Reihen von Kringeln, die auch noch alle gleich aussehen sollen? Das ist irgendwie kein bisschen spaßig und auch nicht interaktiv oder so. Auch bewegen kann man sich dabei nur schwer. Wahrscheinlich haben sich die Schwungübungen deshalb auch klammheimlich aus dem Schullalltag verabschiedet: Wo früher stunden-, tage-, wochenlang an der Schönschrift gefeilt wurde, machen die Klassen heute ganz viele tolle Sachen.
→ Gemüsesuppe kochen zum Beispiel, gerne auch mehrfach. Was sich im späteren Leben als höchst wichtig herausstellt, denn wer eine ordentliche Gemüsesuppe beherrscht, wird nie verhungern. Dass es dafür recht schwerfällt, andere Rezepte leserlich abzuschreiben, macht nichts. Dafür gibt es ja die Handytastatur.

Sekretariat, das

Ungenutzter Raum direkt neben dem Direktorenzimmer. Durch seine Homophonie mit einem Begriff aus der Bürowelt verwirrt er unerfahrene Eltern, die im Sekretariat allen Ernstes eine Hilfestellung erwarten. An dieser Tatsache sind allerdings die Eltern nicht ganz unschuldig: Nach spätestens zehn Jahren im Dienst haben Schulsekretärinnen ihre persönliche Belastungsgrenze erreicht und reagieren nur noch unwillig auf die wenig variationsreichen Beschwerden („Ich muss unbedingt mit Frau Weinmann sprechen, ja, auch wenn sie gerade im Unterricht ist, mit der Mathenote von Lukas sind wir ganz und gar nicht einverstanden!") oder Fragen („Wann fangen nochmal die Herbstferien an?") der Elternschaft.

Um die telefonische Erreichbarkeit ist es übrigens ähnlich schlecht bestellt wie um die physische Präsenz. Krankmeldungen und persönliche Gespräche sind meist nur per Anrufberater möglich. Oder aber donnerstags von 9.35 bis 10.45 Uhr.

Selbstgebackener Kuchen, der

ist das Sinnbild der Mutterliebe. Er steht für Hingabe zur Familie, den Willen, aktiv zum Gelingen der Grundschulzeit beizutra-
gen. Zu Schulfesten, Klassenaufführungen, Weihnachtspartys,
Grillfeiern und natürlich Kindergeburtstagen (in der Schule wohlgemerkt!) heißt es daher backen. Sich dagegen zu sträuben ist
wenig erfolgversprechend: Vor dem Kuchengebot kann man sich
nicht drücken. Frauen, die lieber arbeiten gehen und einen selbst-
gekauften Kuchen mitbringen, hängt automatisch ein Makel an.

Mit einem simplen Lieblingsrezept ist es übrigens nicht getan.
Fette Sahnetorten lassen beispielsweise darauf schließen, dass das
Thema Gesundheit in der Familie keine große Rolle spielt, während belegte Obstkuchen sofort als das enttarnt werden, was sie
sind: ein billiger Versuch, Expertise vorzutäuschen, wo keine von-
nöten ist. Gut fährt man dagegen mit sandigen Kuchen ohne aus-
geprägten Eigengeschmack – so scheiße, wie der schmeckt, muss
er ja gesund sein!

DIE WICHTIGSTEN KUCHENTIPPS:

→ Geben Sie das ekelhafte Vollwertrezept als tradierten
  Familienschatz aus: In dieser Familie wird seit Generationen
  gesund gegessen!
→ Wählen Sie ein möglichst einfaches und trockenes Modell –
  Kuchen mit hohem Staubfaktor gehen leichter als ökologisch
  wertvoll durch.
→ Man kann es gar nicht oft genug sagen: Entfernen Sie unbedingt den Pappboden vom Tiefkühlkuchen, bevor Sie ihn auf
  das Buffet schmuggeln.
→ Fortgeschrittene veredeln gekaufte Kuchen mit einem selbstge-
  panschten Zuckerguss und ganz vielen lustigen bunten Perlen.
→ Stellen Sie den Kuchen niemals als Erste aufs Buffet, sondern
  erst, wenn bereits einige tolle Exemplare die Aufmerksamkeit
  ablenken.

- Kaufen Sie sich professionelle Ausrüstung. Ein Bodenblech bzw. Plastik eines Tupperware-Nachmittags lässt keine Zweifel: Hier sind Profis am Werk!
- Verwenden Sie besonders gute Zutaten, die keinesfalls unter dem Verdacht der Völlerei oder des Luxus stehen: Karotten und Zucchini zum Beispiel. Soll sich da noch einer trauen, die Herkunft des Kuchens anzuzweifeln!
- Eventuelle Kritik schmettert der Profi geschickt ab: Retourkutschen wie „Den habe ich mit gutem Ahornsirup gebacken" oder „Ich backe schon seit Jahren mit Stevia" lassen auch Skeptiker verstummen.

Selbstgemacht (Adj.)

Gute Eltern zeichnen sich dadurch aus, dass sie alles selbst machen: Geburtstagskuchen, → Schultüten, → Pausenbrote, Fastnachtskostüme, ja eigentlich alles, was sich per Heimarbeit oder → Thermomix herstellen lässt. Eventuelle nächtliche Arbeitsstunden werden als läuternde persönliche Erfahrung angepriesen. Es empfiehlt sich nicht, von dieser offiziellen Version abzuweichen, solange man sich nicht im Kreise anderer erwiesenermaßen rebellischer Eltern befindet. Wie auch am Arbeitsplatz sollte man seinen persönlichen Einsatz niemals unter den Scheffel stellen, sondern die Möglichkeit, Eltern-Pluspunkte zu sammeln, ausgiebig nutzen.

Sinnerfassend lesen

Auch kapieren, was man da vorliest.

Situationspädagogik, die

Pädagogischer Fachausdruck für das ordinäre „Mut zur Lücke". Auf Deutsch: wenn die Lehrkraft am Montag noch nicht weiß, was sie am Dienstag tut.

Sitzordnung, die

Ist es gerecht, dass der Kevin mit seinem Hörschaden immer vorne sitzen darf? Und hat der überhaut wirklich einen Hörschaden? Neulich hat der doch auch das geflüsterte Gespräch von Sandy und Maria gut verstanden. Besser wäre es, Florian könnte auch mal vorne sitzen, der passt nämlich sonst nicht auf und lenkt alle anderen ab. Dass er jetzt neben Marcel sitzen muss, ist sowieso eine Unverschämtheit, denn die beiden verstehen sich ganz und gar nicht, und er war doch schon letztes Schuljahr mit seinem Platz neben Julia total bedient. Julia wiederum darf schon zum zweiten Mal am Fenster sitzen, wo doch Maria so gerne den Blick über die Felder mag ...

So oder ähnlich geht es in jedem Eltern-Lehrer-Gespräch zum Thema Sitzordnung zu. Profis arbeiten mit dem Losverfahren, was verlässlich zu rundum unzufriedenen Gesichtern führt, aber wenigstens den Anschein von Gerechtigkeit hat. So lange, bis die ersten Ausnahmen per Attest erstritten werden. Andere Lehrer gehen nach der Devise „Wer zuerst kommt, mahlt zuerst" vor und lassen die Frühkommer aussuchen.

DER PRAXIS-TIPP:

Regen Sie Ihr Kind daher zu Beginn des Schuljahres unbedingt dazu an, besonders früh vor dem Klassenzimmer herumzulungern. Nicht dass es am Ende wieder neben Flo oder Sandy sitzen muss!

Die Frage, ob sich ein Platz in der ersten Reihe ergattern lässt, hängt jedoch auch von der „raumtechnischen Unterstützung des

Unterrichts ab". Auf Deutsch: Nur wenn es überhaupt Reihen gibt, kann der begehrte Sitzplatz in der ersten Reihe vergeben werden. Je nachdem, wie die Tische aufgestellt werden, gibt es eine ganze Menge ziemlich schlechter Sitzplätze.

Eine dauerhaft akzeptable Lösung existiert in dieser Frage bisher nicht. In Reihen sitzen riecht nach Frontalunterricht. Also wird munter neu gemischt – unter den verschiedensten pädagogischen Deckmäntelchen. Mit dem Rücken zur Tafel mag orthopädisch von Nachteil sein, für die Entwicklung von Empathie und Sozialbewusstsein kommen jedoch nur Gruppentische in Frage – oder war es nicht doch die offene Projektarbeit?

Ganz nebenbei lässt sich via Sitzordnung auch eine Nivellierung der Klasse erreichen: Die Guten setzt man so, dass sie automatisch zum Fenster schauen und für den Blick zur Tafel den Kopf wenden müssen, während man Langsamen einfach freie Sicht gewährt. Dabei ist es nicht einmal die blanke Boshaftigkeit, die Lehrer zu solch einem Tun treibt, sondern der Versuch, die schwierigen Schüler zu fördern.

Sozialdatenatlas, der

Der Sozialdatenatlas Ihrer Heimatstadt liefert so spannende Informationen wie den Arbeitslosenprozentsatz der männlichen Jugendlichen unter 18 oder den Anteil der Heimunterbringungen.

Was das mit der Grundschule zu tun hat? In der Regel möchte man schon wissen, mit welcher Variante des Sozialdarwinismus sich der Nachwuchs auseinandersetzen muss. Im Klartext: wer dem Kind später die Turnschuhe abnimmt (oder besser noch ob überhaupt) und welche Sitten in den Gruppen herrschen, bei denen Sohn oder Tochter dann das Taschengeld abliefern müssen.

Achtung: Die Lektüre des Sozialdatenatlasses ist politisch nicht korrekt und sollte daher im Dunkeln unter der Bettdecke

erfolgen. Er eignet sich folglich auch nicht als Konversations-
thema!

Spaß, der
Einzige legitime Motivationsquelle für das tägliche Lernen.

Spracherfahrungsansatz, der
Sollte beim Grundschul-Aufnahmegespräch der Begriff „Wir
schreiben wie wir hören", „Lesen durch Schreiben" oder „Spracherfahrungsansatz" fallen, stehen Sie auf und gehen Sie. Weit weg,
am besten bis zur nächsten Grundschule, wo Sie den Direktor/
die Direktorin auf Knien anflehen, Ihr Kind aufzunehmen, auch
wenn es nicht im Einzugsbereich wohnt. Je nach Bundesland
muss man dazu allerdings ordentlich weit fahren. Gut möglich,
dass alle Schulen im Wohnumfeld sich dieser Methode verschrieben haben. Falls Ihnen diese Alternative nicht offen steht, gewöhnen Sie sich einfach schon mal an eine unkonventionelle Schreib-
weise. Lesn und schraibn lärn ist nemlich totaal ainfah. Foa alem,
wen man nach dea Metode „wia schraibn wi wia höan" untarich-
ded wiad.

Lesen durch Schreiben geht auf den Schweizer Pädagogen Jür-
gen Reichen zurück, der diese Methode Anfang der 1970er entwi-
ckelte. Andere Anhänger dieses Ansatzes beziehen sich auch auf
den „Spracherfahrungsansatz" aus der Feder des Pädagogen Hans
Brügelmann, der ihn Anfang der 1980er ausarbeitete. Egal welchen der beiden Pädagogen man als dominante Referenz nimmt,
das Ergebnis wird seit Mitte der 1990er auch in Deutschland verbreitet: In der Praxis funktioniert dieses Konzept so, dass sich die
Erstklässler anhand einer Anlaut- und einer Auslaut-Tabelle die
Rechtschreibung selbst erschließen – eben so, wie es gesprochen
wird. Korrigiert wird erst einmal nicht, denn die Schüler sollen

sich die Verschriftlichung der Sprache selbst erarbeiten. Im Italienischen oder Rumänischen, zwei Sprachen, deren Orthographie stark der Aussprache entspricht, könnte dies ein interessanter Ansatz sein. Doch auf Deutsch? Vor allem in Dialektgebieten wie Bayern, Schwaben oder auch Süd-Hessen sind mit dieser Methode spannende Ergebnisse garantiert, aber auch die Schüler vergleichsweise hochsprachlicher Regionen wie Niedersachen oder Nordhessen glänzen durch innovative Schreibweisen, wenn auch nicht dieselben. Während sich frühe Werke durchaus als Stimmungsmacher im Familienkreis eignen – „ales gude tsumm gburzdag ongl Weana!" –, reduziert sich der Spaßfaktor nach einigen Jahren erheblich: Sollte man nicht nach der vierten Klasse schon das eine oder andere Wort richtig schreiben können ...? Diese Fehldeutung wird von Lehrern nicht gerne gesehen und mit langen Elterngesprächen geahndet. Eventuelle Schwächen in der → Rechtschreibung deuten vielmehr darauf hin, dass das Schulkind ein liebevolles und frustfreies Schulumfeld genießen durfte.

„Kinder finden ihren eigenen Weg in die Schrift", heißt es in einem Standardwerk. Ja. Und wenn sie mal drin sind, dann irren sie kopflos umher.

Sprachwahrnehmungsleistung, die
Kapieren, was gesagt wird, und sich idealerweise auch noch eine passende Antwort herausquälen.

Stellwerttafel, die
Cooles Wort, oder? Haben Sie auch sofort an das Stellwerk gedacht? Diese Assoziation trügt jedoch. In einer Stellwerttafel dröseln die Schüler große Zahlen auf und verwandeln 324467 in 3 × 100 000, 2 × 10 000, 4 × 1 000, 4 × 100, 6 × 10 und 7.

Stinkbomben, die

Das Accessoire des Grundschülers schlechthin. Stinkbomben gehören daher zum Standardangebot des Schreibwarenhändlers um die Ecke, wo die Käufer sie meist auch gleich im Eingang detonieren lassen. Vor allem nach Unterrichtsende lässt sich die Dorf-Papeterie daher auch blind am leichten Furzgeruch identifizieren.

Stoffverteilungsplan, der

Wohnen Sie auf dem Land oder in der Großstadt? Im ersten Falle dürfen Sie bei der Erwähnung dieses Wortes aufatmen. Gemeint ist natürlich die Art und Weise, wie die Lehrkräfte den Lehrstoff auf verschiedene Stunden verteilen. In Berlin und diversen Problemkiezen anderer Großstädte können aber auch weiße Tütchen eine Rolle spielen.

Störungen, die

Weil Kinder mit anerkannten Störungen oft nicht so streng oder gar nicht bewertet werden, liebäugeln viele Eltern mit einer eigenen Störung. Zum Beispiel einer Auditiven Verarbeitungsstörung AVWS, oder einer Visuellen Wahrnehmungs- und Verarbeitungsstörung. Hinter diesen politisch korrekten Begriffen verbergen sich Schwerhörigkeit und Sehschwäche, was jedoch sehr viel weniger beeindruckend wirkt. Mit einer Visuellen Wahrnehmungs- und Verarbeitungsstörung kommt man viel eher in die erste Reihe als mit einer schnöden Brille. Ebenfalls beliebt sind Rechtschreib-schwächen, also Legasthenie und Dyskalkulie. Profis entscheiden sich für eine Isolierte Rechtschreibstörung, bei der die Rechtschreibung vor Fehlern strotzt, das Lesen aber keine Probleme bereitet. Lediglich ADHS erfreut sich keiner Beliebtheit – dieser Störung hängt ein unangenehmer Makel an. Außerdem – wichtig! – führt die Diagnose ADHS weitaus seltener zu einer besseren

Benotung. Dass Kinder mit wirklichen Störungen nicht wirklich von diesem Trend profitieren, versteht sich von selbst ...

Streber, der

Ach was, hier ist die Welt noch in Ordnung. In der Grundschule sind gute Noten noch klasse, die Lehrerin ist die allertollste der Welt und der Streber einfach nur der Klassenbeste. Einser-Kandidaten sollten die Grundschulzeit genießen, denn das Leben hält für sie noch ein paar unangenehme Überraschungen bereit. Spätestens in der weiterführenden Schule wendet sich das Blatt. Wer dann weiterhin ohne Probleme zur Klassenspitze gehört, muss dringend mal über den Schulhof geschubst oder gleich vermöbelt werden.

Stuhlkreis, der

Psychositzung im Klassenrahmen zur Aufarbeitung des Wochenendes am Montagmorgen. Im Stuhlkreis nicht zu Wort zu kommen, kann dauerhaft schwere Schäden verursachen, vor allem, wenn am Wochenende etwas Spannendes passiert ist. Über den Stuhlkreis finden auch zuverlässig Familiengeheimnisse den Weg in die Öffentlichkeit, genauso wie peinliche Erlebnisse und alle Bemerkungen über die Klassenlehrerin. („Meine Mutter sagt, Sie haben doch sowieso nichts zu tun, Frau Ackermann – stimmt das?")

Taschengeld, das

Die Grundregel lautet: ALLE anderen kriegen VIEL mehr. Erst auf dem zweiten Elterntreff stellt man dann ernüchtert fest, dass das eigene Kind nun das Doppelte des ortsüblichen Tarifs einstreicht und allen anderen Kindern der Klasse nun als Argument dient: „Der Marius kriegt nämlich viel mehr!"

Teufelswerk, das

→ Tintenkiller, → Milchschnitte und vorgedruckte Hausaufgabenhefte gehören genauso dazu wie Nutella. Sie bedrohen die westliche Zivilisation und dürfen nicht über die Schwelle des Schulhauses.

Texterschließungsverfahren, die

Lesen, was da steht, und dann auch noch verstehen.

Thermomix, der

Neben dem Austausch zum Thema Kuchen ein weiteres wichtiges Gesprächsthema im elterlichen Austausch während Wartezeiten vor der Grundschule. Unkenntnis in Sachen Thermomix kann vor allem im dörflichen und ernährungsbewussten Umfeld schwere soziale Folgen haben! Kurz gefasst handelt es sich dabei um ein wuchtiges Küchengerät, das nicht nur mixen kann, sondern auch einkochen, backen und viele andere tolle Sachen. Mit Anschaffungskosten von gut tausend Euro ist der Thermomix das Glanzstück der gut organisierten Hausfrau. Hinweise wie die Tatsache, dass man für tausend Euro auch ein Leben lang fertige Marmelade kaufen könnte, werden daher entweder ignoriert oder mit sozialer Ächtung bestraft.

Tintenkiller, der

Darf man? Oder lieber nicht? Und wenn nein – warum denn nicht? Der Tintenkiller ist genauso wie der Filzstift eine Bedrohung für die Schreibkultur und fordert den Grundschüler geradezu dazu heraus, schlampig zu arbeiten. Er zählt daher zu den Objekten der Kategorie → Teufelswerk, die die Existenz der westlichen Zivilisation als Ganzes und im Besonderen bedrohen. Schwere Tintenkiller-Neurosen findet man oft unter den älteren Vertretern des Lehrpersonals, aber auch junge Lehrer sind gegen diese Krankheit nicht immun. Eventuell wird sie durch den wiederholten Kontakt von Tintenkillerflüssigkeit mit der Haut verursacht.

Toiletten, die

Dringender Grund, doch noch an eine Hepatitis A-Impfung zu denken. Schultoiletten sind grundsätzlich so dreckig, dass sich selbst Grundschulkinder freiwillig alle festen Ausscheidungen verkneifen, bis sie wieder zuhause sind. Manche Kinder, meist Jungen, nehmen die Herausforderung auch sportlich und setzen alles daran, die Misere täglich zu verstärken – siehe unten.

Fakt ist auch: Die sanitäre Ausstattung vieler Grundschulen ist noch so rudimentär, dass sich eine Wohnung mit vergleichbarer Toilette garantiert nicht vermieten ließe. Immerhin, die meisten Schulen sind sich ihrer Probleme bewusst und versuchen sie zu lösen. So zum Beispiel:

EINLADUNG ZUM ELTERNCAFE
AM 12.11.14 UM 19.30 UHR.

Eingeladen sind Eltern, die gerne in der Schule helfen möchten. Es sind alle Mütter und Väter, Omas und Opas, Tanten und Onkel ... willkommen! Wir brauchen Ihre Hilfe!

Thema: Schülertoiletten – Ideen, Vorschläge und tatkräftige Unterstützung für eine saubere Schülertoilette

Bravo! Bei diesem Thema schmecken Kaffee und Kuchen gleich nochmal so gut! Die passende Konversation dazu kann man sich auch gut vorstellen:

„Ich krieg die Kot-Reste immer gut mit der Schrubberbürste weg."

„Bei uns macht das mein Mann."

„Egon macht niemals Kackränder."

Da fehlt nur noch das Pinkeltraining ...

DER PRAXIS-TIPP:

Wie man eine Toilette unter Wasser setzt

Ort: Jungen-Toilette (die Veranlagung zu diesem Freizeitsport scheint ausschließlich auf dem Y-Chromosom verankert zu sein)

1. Möglichst mittiges Pissoir aussuchen
2. Toilettenpapier fest in den Abfluss stopfen (idealerweise die feste, graue Variante, die den Dreck eher vom Hintern schmirgelt als putzt. Das weiche Sissi-Papier eignet sich NICHT gut. Alternativ verwenden findige Schüler auch persönliche Abfälle, wie Butterbrotpapier, Vollkornbrot oder Alufolie. Wenn Sie Ihren Sohn in seiner Kreativität unterstützen wollen, geben Sie ihm möglichst formbare Stullen und Verpackungen mit).

3. Spülung betätigen. Das ist schwieriger, als man denkt. Selbst Billigheimer-Grundschulen haben mittlerweile ihre WCs mit selbstauslösenden Spülungen ausgerüstet, damit die Pissoire wenigstens ab und zu mal einen Schwall Wasser abbekommen. Nach den Abdichtungsarbeiten heißt es jetzt daher so lange auf und ab hüpfen oder hin und her schwanken, bis mindestens zehn Liter geflossen sind. Anfänger erkennt man daran, dass sie diese Phase zu lange ausdehnen und ihnen die Brühe in die Schuhe läuft.

4. Kreischend wegrennen und dabei laut „Aaron hat das Klo unter Wasser gesetzt" rufen.

4a) Alternativ: Zur Schulsekretärin rennen und mit unschuldigem Blick den Erzfeind anschwärzen.

5. Dumm aus der Wäsche schauen, wenn man dann selbst doch aufs Klo muss.

Trainingsraum, der

Einzelhaft für renitente und aggressive Kinder. Oder, um es mit den Worten einer Grundschule zu sagen: „Das Trainingsraum-Programm eröffnet in dieser schwierigen Lage pädagogisch sinnvolle und funktionierende Alternativen für das Kollegium." Übersetzt bedeutet das: Es gibt Kinder, die sind so unglaublich unverbesserlich und störend, dass man sie schlichtweg in einen separaten Raum sperren muss. Bevor Sie nun den Kinderschutzbund anrufen, hier ein Tipp: Laden Sie diese Kandidaten NIEMALS zu einem Kindergeburtstag ein. Oder tun Sie es erst recht. Man versteht die Lehrer hinterher viel besser …

Das genaue Prozedere sieht übrigens so aus:
→ Wer bei einer deutlichen Störung des Unterrichtsflusses nach einer ausdrücklichen Ermahnung nicht einlenkt, muss in den Trainingsraum gehen.

- In der Klasse kann dann weiter gearbeitet werden. Der Schüler muss sich im Trainingsraum überlegen, wie er es demnächst im Rahmen der Klassenregeln schaffen kann, das Problem zu vermeiden oder zu lösen.
- Der Trainingsraum-Lehrer schaut sich den Überweisungszettel an (kein Witz, das heißt wirklich so) und bespricht das Problem.
- Es wird ein Rückkehrplan erstellt und eine Vereinbarung getroffen.

Letzteres klingt ziemlich bürokratisch, beinhaltet aber immerhin die Hoffnung, dass eine Rückkehr möglich ist.

Unterrichtsausfallstatistiken, die

Betroffene Eltern lesen diese Statistiken besonders gerne – irgendwie ist es ja tröstlich zu wissen, dass überall in Deutschland regelmäßig der Unterricht ausfällt und auch andere Eltern etwas ratlos feststellen, dass ihre Kinder seit Wochen nichts anderes machen als → Mandalas zu malen. Auf Bundesebene werden die Unterrichtsausfälle allerdings nicht erfasst, so die Auskunft des Kultusministeriums. Spannend wird es daher auf Länderebene. Doch auch dort sträubt man sich hier und da gegen allzu klare Daten. So hatte der Landesrechnungshof Nordrhein-Westfalen immer wieder Ausfallstatistiken verlangt, die 2010 auf Veranlassung der grünen Bildungsministerin Sylvia Löhrmann abgeschafft worden waren. 2014 konterte das NRW-Schulministerium mit einem Gutachten der Universität Bochum und der Fachhochschule Nordwestschweiz, demzufolge die Erstellung einer solchen Statistik bis zu 700 Lehrerstellen kosten würde. Da mag man zweifelnd die Augenbrauen in die Höhe ziehen – würde es wirklich so viel Zeit kosten, wenn die Schulleitung am Ende eines jeden Tages schnell die Anzahl der Fehlstunden über eine Online-Maske in eine Statistik einfließen ließe? Oder dies wenigstens einmal pro Monat erledigte?

Doch nicht nur in NRW stellt sich die Lage unübersichtlich dar: Schon die Frage, was eigentlich ein Unterrichtsausfall ist und was noch als Ersatzunterricht gelten darf, spaltet die Länder. Außerdem sind sich die jeweiligen Landesrechnungshöfe und Schulministerien in allen Ländern über die genauen Zahlen uneinig. In vielen Fällen weiß sowieso niemand so ganz genau, wie viele Stunden wirklich ausfallen. In Baden-Württemberg werden die Daten stichprobenartig an rund 600 Schulen erhoben, wobei es sich natürlich nicht nur um Grundschulen handelt. Gleiches gilt auch für Bayern, wobei hier die Stundenzahlen erheblich von denen abweichen, die der Oberste Rechungshof errechnet. In Brandenburg wiederum kann man die Ausfallstatistiken unter den jeweiligen Schulportraits des Portals www.bildung-brandenburg.de/schulportraets/ im Internet nachvollziehen, Gleiches gilt beispielsweise für Bremen, Hamburg, Sachsen und Sachsen-Anhalt. Von einer solchen Transparenz können Eltern in Hessen, Niedersachsen und dem Saarland nur träumen: Dort gibt es überhaupt keine öffentlichen Statistiken.

Unterrichtsverwirrung, die

Bei der Unterrichtsverwirrung kann es dazu kommen, dass Lehrer auf dem → Elternabend spontan anfangen zu dozieren und nicht mehr den Weg zurück in eine normale Unterhaltung finden. Besonders die Demonstration von Grundrechenarten und diversen Standardschriften scheint zu diesen Ausfallerscheinungen geradezu herauszufordern. Die von der Unterrichtsverwirrung betroffene Lehrkraft sollte man wie einen Schlafwandler nur sehr behutsam wieder zurückführen und keinesfalls widersprechen!

TIPP:

Zwischenrufe sind nicht geeignet, diese temporär begrenzten Anfälle zu beenden, denn sinnvolle Unterhaltungen sind in diesem Stadium nicht möglich. Erfahrene Eltern simulieren Verständnis und lassen den Elternabend alsbald ausklingen.

Überschaubares Lernumfeld, das

Selbst die ganz Doofen finden sich hier noch zurecht: Tisch, Stuhl, Tafel – und bloß nicht zu viele unterschiedliche Lehrer. Taucht diese Vokabel in einem Text auf, heißt es achtgeben: Eventuell stecken auch einfach nur Budgetkürzungen dahinter, die so eine sprachliche Veredelung erfahren und zum pädagogischen Konzept erhoben werden.

Übertrittsempfehlung, die

Wohin nach der Grundschule? Zum Halbjahreszeugnis der vierten Klasse geben die Grundschullehrer eine Empfehlung ab, welche Schulart für das Kind besonders gut geeignet sei. Dass sich die Eltern natürlich nicht daran halten, ist Ehrensache. In Bayern, Bremen, Sachsen, Sachsen-Anhalt und Thüringen ist die Empfehlung allerdings verpflichtend. Interessanterweise erfolgt die Gymnasialempfehlung bundesweit sowieso nicht nach einheitlichen Kriterien. So muss man in Bayern bessere Leistungen zeigen als beispielsweise in Hamburg: Der Freistaat erwartet einen Notendurchschnitt von 2,33 in den Fächern Deutsch, Mathe und Heimat- und Sachkunde, während im hohen Norden der Schnitt von 2,5 ausreicht. In Sachsen wird sogar ein Schnitt von 2,0 in den Fächern Deutsch, Mathematik und Sachunterricht erwartet. Andernfalls führt die Entscheidung der Eltern entweder zur Gesamtschule oder in eine „Beobachtungsstufe" der jeweiligen Schulform. Genauso interessant ist der Unterschied zwischen Niedersachsen und Bremen, vor allem, wenn man an der Bundeslandgrenze wohnt: In Bremen wird verbindlich empfohlen, in Niedersachsen nicht. Gleiches gilt für all jene, die sich zwischen Brandenburg und Berlin entscheiden können: In beiden Bundesländern endet die Grundschule meist erst nach sechs Jahren, mit einem kleinen Unterschied: In Berlin machen die Eltern, was sie wollen, in Brandenburg nicht. Dafür ist allerdings die Berechnungsmethode der Berliner sehr kreativ: Die „Förderprognose", was ein bisschen so klingt, als hätten in Berlin alle Kinder Lernschwierigkeiten, wird nach einem komplizierten Schlüssel aus den Zeugnissen des zweiten Halbjahres der fünften Klasse und des ersten Halbjahres der sechsten Klasse berechnet. In Sachsen-Anhalt suchen die Eltern die gewünschte Schule aus, für Gymnasien mit inhaltlichem Schwerpunkt ist jedoch eine Aufnahmeprüfung erforderlich. In Schleswig-Holstein wiederum entscheiden zwar die Eltern, können aber ein Kind mit Hauptschulempfehlung nicht aufs Gymnasium schicken.

Um die Anforderungen ihrer Bundesländer zu umgehen haben Eltern natürlich allerhand Methoden entwickelt. Neben heulen, zwanzig Mal beim verantwortlichen Grundschullehrer vorsprechen (alternativ tut es natürlich auch die Direktion der Schule, das Schulamt oder wer einem sonst noch so auf dem Gang der Schule begegnet) oder den Schulleiter des gewünschten Gymnasiums zu beknien sind Eltern hier und da auch nicht abgeneigt, ihren Wunsch per Anwalt überzeugend darlegen zu lassen. Wenn alle Stricke reißen, hilft nur noch ein Umzug ins passende Bundesland, wobei sich meist eine generelle Richtung von Süd nach Nord ergibt.

VERA

Nein, es handelt sich nicht um die nette Aushilfe in der Schulkantine, sondern um einen Test, an denen seit 2008 die Schülerinnen und Schüler aller 3. Klassen verbindlich teilnehmen. Die offizielle Begründung lautet so: „Die Durchführung landesweiter Vergleichsarbeiten (bzw. Kompetenztests oder Lernstandserhebungen) in allen Ländern der Bundesrepublik Deutschland ist Teil der 2006 verabschiedeten Gesamtstrategie der Kultusministerkonferenz (KMK) zum Bildungsmonitoring. Die KMK hat im März 2012 in einer Vereinbarung zur Weiterentwicklung von VERA bekräftigt, dass die zentrale Funktion der Vergleichsarbeiten die Unterrichts- und Schulentwicklung ist. VERA unterstützt die Einführung (Implementation) fachlicher und fachdidaktischer Konzepte der Bildungsstandards und gibt Hinweise zur kompetenzorientierten Weiterentwicklung des Unterrichts."

Auf Deutsch gesagt könnte man auch kurz zusammenfassen: Da will das Kulturministerium mal schauen, was in den Schulen überhaupt gemacht wird.

Benotet werden die VERA-Tests nicht, sorgen aber auf Elternabenden regelmäßig für lange Gesichter, wenn ganze Klassen miserabel abschneiden. Konsequenzen für einzelne Lehrkräfte ergeben sich jedoch aufgrund der Verbeamtung nicht.

Verbeamtung, die

siehe → Beamtenstatus

Quasi das Nirwana der Grundschullehrer. Das Ziel aller beruflichen Existenz.

Verhaltenskreativ

Sich so danebenbenehmen, wie es die Lehrerin nach dreißig Jahren im Dienst noch nicht gesehen hat. Verhaltenskreative Kinder stammen entweder aus SEHR einflussreichem Hause – daher auch der euphemistische Begriff – oder benehmen sich gegenüber neuen und daher noch sozialromantischen Lehrkräften daneben. Je nach Grundschulbezirk verändert sich die Definition von „verhaltenskreativ" enorm. In sozial besonders kritischen Bezirken wird daher im Umkehrschluss braves Verhalten als ungewöhnlich wahrgenommen. Für die Lehrkräfte extrem bedauerlich ist die Tatsache, dass laut der KIGGS-Studie des Berliner Robert-Bosch-Instituts rund 20 Prozent aller Kinder als psychisch auffällig gelten. Die Chance, dass ein oder mehr Exemplare dieser Kategorie in einer Klasse landen, ist also ziemlich hoch.

Verkehrschaos, das

Während die Verkehrserziehung der Kinder in der Grundschule mittlerweile einen festen Platz einnimmt und von Fachkräften wie beispielsweise speziell geschulten Polizisten durchgeführt wird, bleibt die Verkehrserziehung der Eltern eine Schwachstelle. Morgendliches Verkehrschaos ist an deutschen Grundschulen gang und gäbe und bereitet die Kinder vorbildlich auf die Herausforderung des längeren und gefährlicheren Schulwegs zur weiterführenden Schule vor.

Wiederholte Mahnungen, Holger, Mara oder Melanie bitte per Pedes zur Schule zu schicken, fruchten eher weniger. Gute Erfahrungen hat man mit Halteverbotsschildern in Kombination mit schlechten oder engen Anfahrtswegen gemacht, die beim Ein- und Aussteigen zu Lackschäden führen könnten.

Verlässliche Grundschule, die

Egal ob Sturm oder Hagel, Krankenstand oder Schwangerschaft, die verlässliche Grundschule garantiert, dass die Kinder nicht vor Ende des geplanten Unterrichts entlassen werden. Das ist für arbeitende Eltern erst einmal ziemlich beruhigend, denn wer will schon, dass der Erstklässler, womöglich noch ohne Schlüssel, überraschend vor der verschlossenen Wohnungstüre steht. Was die verlässliche Grundschule nicht garantiert, ist Unterricht. Im Krisenfalle, also beispielsweise wenn eine Lehrkraft über Monate hinweg ausfällt, werden → Mandalas gemalt, das ist immer gut für die Psyche und so, oder lustige Sportspiele gemacht. Wenn es sein muss, über Wochen hinweg.

Wer keine „verlässliche Schule" hat, braucht sich nicht wundern, wenn das Kind zwei Stunden nach Schulbeginn wieder vor der Tür steht.

Verletzungen, die

Beim Rennen ausgerutscht und einmal kräftig über den Asphalt geschrappt? Mit dem Kinn auf der Holzbank aufgeschlagen? Bei offenen Wunden sind Lehrer und Erzieher schnell mit dem wichtigsten Utensil bei der Hand – dem Telefon natürlich. Bis die Eltern panisch vom anderen Ende des Ortes oder gar vom Arbeitsplatz angerast kommen, tropft das Kind munter blutig vor sich hin. Auch Schürfwunden dürfen sich so lange in aller Ruhe entzünden. Der Grund ist so einfach wie abstrus: Sowohl Lehrer als auch Erzieher der nachschulischen Betreuung dürfen (und müssen) zwar lebensnotwendige Erste-Hilfe-Maßnahmen einleiten, leider aber keine Sprays oder Salben verwenden. „Medikamente und Desinfektionsmittel sind kein Erste-Hilfe-Material und dürfen nicht verwendet werden", heißt es beispielsweise in einer Bekanntmachung des Bayerischen Staatsministeriums für Unterricht, Kultus, Wissenschaft und Kunst vom 4. Juni 1997. Hintergrund dieser Regel ist die Tatsache, dass es theoretisch allergische Reaktionen geben könnte. Bedauerlicherweise nützt es wenig, Sprays und Ähnliches ausdrücklich zu erlauben (auch nicht, wenn man händeringend bettelt) oder ein eigenes Spray im Ranzen zu deponieren. Gesetz ist Gesetz. Basta. Alternativ kann man natürlich auch einen Krankenwagen rufen lassen ...

Verschwiegenheit, die

Im Grundschulbereich völlig unbekannte Vokabel. Im vertraulichen Elterngespräch kommunizierte Geheimnisse wie beispielsweise Egons Vorliebe für Barbie-Puppen, Lisas Angst vor Monstern unter dem Bett oder delikate Details der Familienkonstellationen („Mein Mann hat mich für einen anderen Mann verlassen") finden grundsätzlich ihren Weg in den morgendlichen Stuhlkreis oder den Unterricht, also beispielsweise die Aufforderung: „Egon, erzähl doch mal, du kennst dich doch mit Barbie-Puppen aus." Erstaunlicherweise scheinen die meisten Grundschullehrer dabei keine bösen Absichten zu hegen. Da diese Geheimnis-Inkontinenz proportional zu den aktiven Unterrichtsjahren ansteigt, vermuten Experten einen Zusammenhang mit der Exposition kindlichen Gelabers und der damit einhergehenden Tendenz, mündliche Aussagen einfach nicht mehr so richtig ernst zu nehmen. Wissenschaftlich ist diese Theorie jedoch noch nicht untermauert, obwohl es, für Eltern sehr bedauerlich, nicht an empirischem Material mangelt.

Versprachlichen

Etwas denken und es dann sagen, was jedoch erheblich weniger gut klingt.

Vesperbox, die

Absolut erlässliches Utensil. Vesperboxen werden grundsätzlich auf dem Schulhof liegengelassen. Dass sie dort auch am nächsten Tag noch liegen, sodass die sorgfältige Mutter sie einsammeln kann, liegt daran, dass niemand sie braucht. Die dazugehörigen → Pausenbrote landen meist sowieso im Mülleimer, wo sie einmal im Jahr als mahnendes Beispiel fotografiert und im Schulnewsletter verbreitet werden, z. B. anlässlich der Brot-für-die-Welt-Sammlung.

Visuelles Operieren, das

Dieser Begriff hat sich nur versehentlich in die Grundschulpädagogik eingeschlichen. Gemeint ist natürlich, dass der Chirurg hinsieht, wenn er beispielsweise den Blinddarm entfernt, damit nicht die Leber dran glauben muss.

Wachstum, das

Im Grundschulalter wachsen die Füße statistisch fast einen Milli-
meter pro Monat. Leider tun sie dies jedoch nicht durchgehend,
sondern grundsätzlich über Nacht – und zwar mindestens um
eine Schuhgröße. Besonders oft geschieht dieses Größenwachs-
tum kurz vor den Ferien, wenn selbst gegen Gold und Diaman-
ten keine neuen Sandalen mehr zu bekommen sind. Im Übrigen
– und das ist kein Spaß – wachsen die Füße deutscher Kinder
zusehends. Statistisch gelten bei Elfjährigen noch Durchschnitts-
werte von Schuhgröße 38. De facto sind viele jedoch schon in Boo-
ten von Größe 40 aufwärts unterwegs – auch die Mädchen! Problematisch ist dies nicht nur aus ästhetischen Gründen: In vielen
Schulen gilt selbstverständlich das → Hausschuhgebot.

Weihnachtsgottesdienst, der

Eigentlich muss man nicht, aber irgendwie doch: Um dem Weihnachtsgottesdienst zu entfliehen, empfiehlt es sich, rechtzeitig eine atheistische Geisteshaltung zu betonen. Eine gesetzliche
Pflicht zur Teilnahme gibt es nicht.

DER PRAXIS-TIPP:

Je größer die Kirche, desto höher der Krankenstand nach dem
Weihnachtsgottesdienst. Besonders hohe Gebäude sind im Winter praktisch nicht zu heizen. Katholiken erkranken daher auch
etwas öfter als evangelische Christen – sie haben schlicht größere
Kirchen. Skianzug und fetter Wintermantel lassen zwar ein wenig
an festlicher Atmosphäre zu wünschen übrig, halten dafür aber
ordentlich warm, wenn man zwei Stunden nahezu unbeweglich

verharren muss. Dies gilt natürlich nicht nur für die Kinder, sondern auch für die Eltern, die in den hinteren Reihen dem Ende des Gottesdienstes entgegenfrieren.

Weihnachtsmann, der

Gibt es ihn? Oder doch nicht? Während die meisten Kinder von der ersten bis dritten Klasse mit Inbrunst an ihn glauben, haben es sich Viertklässler zur Aufgabe gemacht, die naiven Babys aufzuklären.

Logisch, dass die Ehre des Weihnachtsmanns oder des Christkinds auf dem Schulhof verteidigt werden muss. Lange lässt sich die Illusion jedoch nicht aufrechterhalten, denn der Kontakt mit anderen Kindern wirft viele Fragen auf: Wenn es den Weihnachtsmann gibt, welchen Job macht dann eigentlich das Christkind? Und warum kommt er nicht zu Moslems? Ist der Nikolaus mit dem Weihnachtsmann verwandt? Und wie schafft er es, gleichzeitig im Kaufhaus für Fotos zu posieren, alle Spielsachen vorzubereiten, in der Schule vorbeizuschauen und auch noch alle Kinder im selben Moment zu beschenken? Alle diese Fragen müssen in der Grundschule mal dringend geklärt werden. Und weil die meisten Familien ihren Kindern die Hucke volllügen, jede aber auf ihre eigene Art, werden die Legenden mitunter ziemlich dünn. Gute Erfahrungen haben Eltern in diesem Zusammenhang mit dem Firmenmodell gemacht: Logisch, dass der Weihnachtsmann nicht alles alleine produziert, sondern seine erprobten Zulieferer hat. So eine Art himmlisches Perlflussdelta, wo übers Jahr alles hergestellt und schließlich mit einer riesigen Logistikmaschinerie verteilt wird.

Wichteln, das

Eine Schultradition, die Eltern jedes Jahr vor Weihnachten die letzten Nerven raubt. Eigentlich ist alles ganz einfach: Jedes Kind zieht den Namen eines Mitschülers oder einer Mitschülerin und muss ihr/ihm ein kleines Geschenk besorgen. Wer wen beschenkt, ist hochgeheim. Zumindest drei Sekunden lang, bis das erste Kind durch das Klassenzimmer galoppiert und „Susi hat den Alfi gezogen" kreischt. Das Problem beim Wichteln ist, dass man dabei eine ganze Menge Regeln beachten muss:

→ Es darf auf keinen Fall mehr als drei Euro kosten (oder zumindest nicht teurer aussehen).

→ Es darf nicht peinlich sein, wobei sich die Kriterien für die Kategorie „peinlich" Erwachsenen komplett entziehen. Peinlich ist beispielsweise, wenn ein Junge einem Mädchen etwas vermeintlich typisch Mädchenhaftes schenkt.

→ Es darf nicht uncool sein.

→ Es muss pädagogisch wertvoll sein (Lehrer-Meinung).

→ Es darf auf keinen Fall pädagogisch wertvoll sein (Kinder-Meinung).

→ Es darf nicht gewaltverherrlichend sein (obwohl eine Holzpistole eine ziemlich sichere Bank ist).

→ Es sollte kein Plastikschrott sein.

→ Es darf nicht zu kommerziell sein.

→ Und dann soll es auch noch der/dem Beschenkten gefallen.

→ Die für das Wichteln üblicherweise angesetzte Zeitfrist von zwei Wochen wird von Eltern übrigens gerne mal als zu kurz empfunden.

Witze, die

Es ist völlig normal, dass Erwachsene Grundschulwitze weder verstehen noch lustig finden: „Hau mich und Pflau mich sitzen auf dem Baum. Pflau mich fällt runter, wer bleibt noch auf dem

Baum?" – Die Antwort lautet natürlich „Hau mich", und dann gibt's was auf die Nase, während sich alle umstehenden Grundschüler kaputtlachen. Diese Phase geht nach vier Jahren mit dem Eintritt in die weiterführende Schule von selbst vorbei und wird durch moderat witzige schlüpfrige Witze abgelöst.

Wochenplan, der

Komplizierte Zusammenstellung wöchentlich zu erledigender Hausaufgaben nach dem Vorbild der EU-Haushaltspläne.

Der Wochenplan bereitet die Kinder daher nicht nur auf das eigenständige Arbeiten vor, sondern auch auf die Einhaltung komplizierter Pläne ohne sinnvolle Erläuterungen.

So geht's:
- Den Wochenplan lesen.
- Die Mutter fragen: „Was soll ich jetzt machen?"
- Eine erste Pflichtaufgabe anfangen und den ersten Schrägstrich des Kreuzchens machen.
- Freiwillige Aufgaben verwerfen. Das machen sowieso nur Streber.
- Pflichtaufgaben von einem Klassenkameraden kontrollieren lassen.
- Sich mit dem Klassenkameraden streiten, ob 39 minus 14 wirklich 22 ergibt.
- Sich einigen, dass 22 richtig ist.
- Pflichtaufgaben vom Klassenkameraden abzeichnen lassen.
- Abgezeichnetes Dokument dem Lehrer vorlegen und als erledigt (formell, nicht inhaltlich, hier geht es nur um die Einhaltung der Prozedur) abzeichnen lassen, sofern die Eltern-Unterschrift vorhanden ist.
- Im Unterricht überprüfen, ob das Ergebnis richtig ist.

Name: _____ Klasse: ____

Wochenplan vom <u>22.3.</u> bis <u>15.4.</u> _ W 17

Pflichtaufgaben

Fach	Buch o.ä.	Seite	Nr.	bis Nr.	erledigt	kontrolliert
	Buch	52	4	5	╳	Luise
●	Blatt "Anfang, Dauer, Ende"	9	18		╳	Luise
╳	Blatt " " " "	"	19	30	╳	Luise
	Buch (Antwortsatz!)	55	5	9	╳	Luise ✓
	Buch	58	6	8	╳	Folie ✓
	Buch (Hilfe durch Plakat)	57	10	—	╳	Lehrer:
	Blatt (28)		1	8	(Selbstkontrolle: Bild)	
	Buch	59	2	—	╳	Luise ✓
	Buch (Tabelle nutzen!)	56	3	18	╳	Luise ✓
	Blatt (Bus)	ganz			╳	Pascal
	Blatt	(55)	2 und 4a		╳	✻✻✻✻✻

Zusätzliche Aufgaben:

Fach	Buch o.ä.	Seite	Nr.	bis Nr.	erledigt	kontrolliert
	Buch	52	6	7	╳	Anna
	Blatt "Elefanten" (auf dem Block ausrechnen)				╳	✻✻✻✻✻
●	Blatt "Anfang, Dauer, Ende "	①	④		╳	Anna
	Buch	58	E			Folie Rosi
	Blatt	(54) Z	3 und 4b		╳	Anna ✓

Hausaufgaben

Übungsheft S. 45 ganz		╳	Luise
Übungsheft S. 50 ganz		╳	Luise
Übungsheft S. 51 (ohne Zeit)		╳	Luise
Buch S. 32 Nr. 13 bis 24 (ohne ZT,T,H,Z,E)		╳	Luise (Beispiel: 12019·3)
Blatt (28) Nr. 9 bis 16		╳	Luise

Unterschrift der Eltern am _____

→ Für Eltern ergibt sich dabei noch eine klitzekleine Zusatzaufgabe: Weil sie den Wochenplan abzeichnen müssen, heißt es logischerweise vorher nachrechnen. Eltern mit Tagesfreizeit oder Halbtagsjobs sind hier eindeutig im Vorteil. Nach einem langen Tag im Büro noch einmal darüber zu grübeln, wie lange der Zug von Battenberg nach Dümpelsdorf braucht, wenn der Lokführer erst eine halbe Stunde mit 30 km/h und dann eine Stunde mit 45 km/h fährt, oder dreißig Zahlen auf einem Zahlenstrahl nachzutragen, gehört zu den ganz großen Momenten der Elternschaft.

Eine gewisse Unschärfe der Wochenplan-Kopie ist übrigens durchaus erwünscht: Sie bereitet die Kinder auf die Realitäten des Lebens vor, denn auch im Arbeitsleben sind Anweisungen nicht immer klar und deutlich.

Xylophon, das

Beliebtes Instrument der Grundschulmusik-AG. Das Xylophon (oft auch nicht ganz korrekt als Glockenspiel bekannt) besitzt den eindeutigen Vorteil, dass ihm, egal wie man draufhaut, zumindest ein gerader Ton zu entlocken ist. Erfahrungen in Weihnachtsschulgottesdiensten haben jedoch gezeigt, dass man unter Voraussetzung eines gewissen Schwungs auch mit diesem Instrument den Putz von der Decke hauen kann. Es empfiehlt sich daher, eher schwächliche Kinder mit dem Xylophon zu betrauen und die Rabauken mit einer Triangel abzuspeisen.

YouTube

„Ich stell das auf YouTube" ist eine beliebte Drohung, die sogar schon unter Grundschulkindern richtig gut zieht. Vor allem, wenn es sich um ein total peinliches Theaterstück handelt oder eine Aufnahme einer Gangnam-Style-Imitation. Logischerweise ist es verboten, private Filme einfach so in der Welt zu verbreiten. Dieses Wissen wiederum ist in der Grundschule nicht sehr verbreitet. Dass sich dennoch nicht Milliarden von dämlichen Grundschulfilmchen vom Schulhof in YouTube drängeln, ist nur der technischen Unfähigkeit der Drohenden geschuldet. Überraschend ist allerdings: Es gibt sie wirklich, die Eltern, die den letzten Kindergeburtstag auf YouTube stellen. Ohne zu fragen.

Zahlenraum, der

Zahlen von bis ... Wir widmen uns dem Zahlenraum von 1 bis 10 heißt nichts anderes, als „bis 10 zählen lernen", klingt aber erheblich besser. Also irgendwie räumlicher. Oder so. Menschen, die solche Wörter erfinden, sollte man wirklich nicht mit Kindern arbeiten lassen ...

Zahlenstrahl, der

Der Zahlenstrahl ist so eine Art mathematisches Laserschwert mit extremer Schlagkraft. Mit seiner Hilfe schlagen die Erstklässler eine Schneise in ihre Unkenntnis zum Thema Zahlen. De facto handelt es sich um eine Zahlenreihe, bei der die Lücken gefüllt werden müssen.

Zehnerbus, der

Grundschulen lassen sich zwar meist ohne öffentliche Verkehrsmittel erreichen. Der Zehnerbus spielt dennoch eine große Rolle in der Mathematik. De facto handelt es sich um eine grafische Darstellung der Zahlen bis zehn, die schwachen Schülern helfen soll, sich Addition und Subtraktion irgendwie vorzustellen. Schüler, die diese Disziplinen bereits beherrschen, tun sich mitunter schwer, zu verstehen, warum die Zahlen nun Bus fahren müssen.

Zickenkrieg, der

Jungs kloppen sich auf dem Schulhof oder schleudern sich den vollgepackten Ranzen gegenseitig in die Zähne, Mädchen haben dafür den Zickenkrieg. Ob dieses Verhalten angeboren oder anerzogen ist, darüber streiten sich die Geister. Sicher ist: Egal, wo es herstammt, spätestens ab der dritten Klasse ist es so weit. Die Machtstrukturen sind meist recht eindeutig. Zwei Oberzicken bekriegen sich wegen nichtiger Kleinigkeiten und versuchen die Gegnerin in wechselnden Konstellationen sozial zu isolieren. Die kleinen Zicken sind erstaunlich kreativ, wenn es darum geht, andere zu diffamieren. Die Waffen der Wahl sind

a) Gerüchte: „Manuela hat Läuse, das weiß ich genau" oder

b) Sozialer Druck: „Wenn du mit der Manuela spielst, dann können wir keine Freundinnen mehr sein" oder

c) Erpressung: „Wenn du Manuela zum Geburtstag einlädst, dann komme ich ganz sicher nicht. Außerdem erzähle ich allen, dass du nachts noch ins Bett machst."

Gesellschaftlich ist dieses Verhalten übrigens völlig anerkannt.

SONDERTHEMA:
ZEUGNISSPRACHE

DASS DIE ZEUGNISSPRACHE ausgerechnet am Ende dieses Buches steht, hat nicht nur damit zu tun, dass „Zeugnis" mit Z beginnt. Eher schon, dass sie das Allerletzte ist.

Die Grundschulen aller Bundesländer sind sich einig: Noten sind schlecht und hemmen die Entwicklung der Kinder. Weil die meisten Eltern dann aber doch in irgendeiner Form informiert werden wollen, wie sich ihr Kind in der Schule macht, gibt es trotzdem ab der ersten Klasse Zeugnisse. Oder so etwas Ähnliches, denn an die Stelle der Noten treten freie Formulierungen. Für die Eltern bedeutet dies, dass sie eine ausführliche Beschreibung ihres Sprosses bekommen, die von den Sozialkompetenzen bis zu den intellektuellen Erfolgen reicht, nach der Lektüre aber noch immer nicht wirklich wissen, wie es um die Schulleistungen (pfui! Leistungen!) oder das Verhalten ihres Kindes steht. Nehmen wir mal einen Ausschnitt als Beispiel:

Lernen und Arbeiten

Leander beherrscht den Zahlenraum bis 100 und rechnet die Aufgaben in der vorgesehenen Zeit. Plus-Aufgaben löst er eigenständig. Sachaufgaben löste er meist richtig. Leander schreibt flüssig, es gelingt ihm, mit Hilfe Wörter zu verschriften.

Zudem war Leander stets bestrebt, sich am Unterricht zu beteiligen. Seine Beiträge waren zu großen Teilen sachkundig. Er führt gerne Aufgaben aus, die mit Kontaktaufnahme verbunden sind.

Verhalten

Leander fand schnell Kontakt zu seinen Mitschülern. Er gliederte sich nach einigem Zögern in die Klassengemeinschaft ein. In Konfliktsituationen konnte sich Leander meistens beherrschen, und es gelang ihm immer öfter, angemessen zu reagieren und so Streitigkeiten zu vermeiden. In der Zusammenarbeit mit anderen Kindern war er stets bemüht, die führende Rolle zu übernehmen.

Doch was bedeutet der Text? In Mathe scheint erst einmal alles im Lot: „Leander beherrscht den Zahlenraum bis 100 und rechnet die Aufgaben in der vorgesehenen Zeit." Das klingt gar nicht so schlecht. Gut gemacht, Leander! Was die Eltern nicht wissen: Alle anderen Kinder der Klasse rechnen bereits souverän mit Hundertern – nur Leander nicht. Er krebst lahmarschig im Stoff der ersten Monate herum. Auch der Hinweis „löst Plus-Aufgaben eigenständig" ist wenig wert, wenn alle anderen bereits souverän an Minus-Aufgaben herangehen. In Sachkunde sieht es schon ein bisschen besser aus: „Sachkundliche Aufgaben löste er meist richtig." Also in mindestens 51 Prozent aller Fälle. Das ist auf den zweiten Blick dann doch nicht besonders viel. Ist er wenigstens in Deutsch auf dem richtigen Weg? „Leander schreibt flüssig, es gelingt ihm, mit Hilfe Wörter zu verschriften." Oder anders gesagt: Er schreibt. Ob er richtig schreibt, steht schon nicht mehr da. Und wie beim Arbeitszeugnis heißt es bei Lücken aufhorchen. Außerdem muss man ihm ständig dabei helfen. Also kurzum: Kringel malen okay, alles andere noch ein echtes Problem.

Dass es um die intellektuellen Leistungen des Kindes nicht wirklich gut bestellt ist, zeigen auch die nächsten Sätze: „Leander war stets bestrebt, sich am Unterricht zu beteiligen. Seine Beiträge waren zu großen Teilen sachkundig" bedeutet nichts anderes, als dass Leander sich zwar dauernd meldet, leider aber eine Menge Quatsch absondert, wenn man ihn drannimmt. Weiter geht es mit: „Er führt gerne Aufgaben aus, die mit Kontaktaufnahme verbunden sind." Wenn man bei der Arbeit quatschen kann, findet Leander das prima. Was jedoch nicht zwingend bedeutet, dass er gut mit anderen Kindern kann, wie die nächsten Zeilen belegen: „Leander fand schnell Kontakt zu seinen Mitschülern. Er gliederte sich nach einigem Zögern in die Klassengemeinschaft ein." Wer Leander ist, das wussten alle schon nach kürzester Zeit. Was nicht bedeutet, dass sie ihn mögen. Bis heute will keiner neben ihm sitzen. Warum, steht auch drin: *„In Konfliktsituationen konnte sich Leander meistens beherrschen, und es gelang ihm immer öfter, angemessen zu reagieren und so Streitigkeiten zu vermeiden."* Klingt irgendwie nach einer positiven Entwicklung, bedeutet aber nichts anderes, als dass Leander der Pausenschreck auf dem Schulhof ist. Wenn er sauer wird – und dazu braucht es nicht viel –, dann gibt's was auf die zwölf. Und zwar regelmäßig und für alle. Außerdem lässt sein Sozialverhalten auch sonst zu wünschen übrig: *„In der Zusammenarbeit mit anderen Kindern war er stets bemüht, die führende Rolle zu übernehmen."* Aha, da will jemand immer den Chef spielen. Was ihm nicht gelang, weil die anderen Kinder darauf wirklich keine Lust mehr haben ...

Sich jedes Halbjahr solche Ergüsse in Klassenstärke auszudenken, ist gar nicht so einfach: Viele Verlage bieten daher Schulzeugnisprogramme, die helfen, den Text einfach zusammenzuklicken. Hier und da helfen auch die staatlichen Stellen, wie das Staatsinstitut für Schulqualität und Bildungsforschung München mit „Bausteine für Zeugnisformulierungen". An manchen Schulen wiederum gibt es fest vorgeschriebene Zeugnisformulierungen für den Zeugnisbericht. Im Grunde also gar nicht anders als in der Arbeitswelt: Dieses Prinzip der versteckten Aussagen kennen Erwachsene schon von ihren Arbeitszeugnissen. Allerdings mit einem wichtigen Unterschied: In den Buchhandlungen gibt es eine Fülle von Fachliteratur, die Personalern helfen, die richtigen Worte zu finden – und umgekehrt natürlich auch bei der Exegese der verschwurbelten Formulierungen in den Arbeitszeugnissen helfen. Die Standards sind zwar ein wenig skurril, aber deutschlandweit dieselben. In der Grundschule jedoch nicht.

DER PRAXIS-TIPP:

Fragen Sie doch einfach mal in der Schule nach:
- → Wie werden die Zeugnisse erstellt? Manuell oder per Computerliste?
- → Gibt es feste Formulierungen? Oder sind es freie Texte? Welche Formulierungssammlung liegt zugrunde?
- → Gibt es eine Liste zur Einschätzung der Formulierungen?

Man muss dazu sagen: So praktisch ein Computerprogramm ist, viele Lehrer scheuen vor schablonenhaften Formulierungen zurück – nicht zuletzt, weil sie dadurch wieder eindeutig zu übersetzen oder gar vergleichbar wären. So ein verschwommener Kuschelkurs ist viel angenehmer für alle Seiten: Die Eltern können weiterhin daran glauben, dass ihr Kind einfach spitze ist, das Kind selbst versteht die Formulierungen sowieso nicht, und die Lehrer haben kein Theater, weil die Eltern, die in der Lage sind, dieses Kauderwelsch zu verstehen, meist sowieso schon zuhause die Bildung in Eigenregie ergänzen. Oder anders herum: Wer das nicht kapiert, hat danach keine Chance mehr. Fairerweise muss man erwähnen: Es gibt auch unter den Eltern eine ganze Menge Kuschelfreunde, die Noten radikal ablehnen: Wie bitte soll man ihr einzigartiges Kind in das starre Schema von sechs Noten pressen?

Kurzum: Es gibt tausendundeine Möglichkeit, den Schulerfolg (oder eben den Mangel daran) zu verklausulieren. Bei diesen und ähnlichen Formulierungen sollten Sie allerdings aufhorchen:

Rechnen
Meist löste er die Rechnungen richtig.
Ziemlich oft aber auch nicht …

Beim Rechnen konnte er bekannte Aufgabenstellungen bewältigen.
Sobald irgendetwas Neues auf ihn zukommt, versagt er auf ganzer Linie.

Nutzt sicher und selbstständig die Strukturen in Zahlendarstellungen zur Zahlenerfassung im Zahlenraum bis 20.
Kann bis 20 zählen und popelige Aufgaben ausführen.

Sie hat den Zahlenraum bis 20 noch nicht vollständig erfasst.
Zu doof, mit Hilfe von Fingern und Zehen zu zählen.

Addition und Subtraktion bereiten ihm noch Schwierigkeiten.
Also eigentlich alles in Mathe.

Bemühte sich um logisches Denken in der Mathematik.
Es gelang ihm aber nicht.

Deutsch
Sie kann kurze Texte verfassen, deren Sätze nicht immer inhaltlich plausibel und aufeinander bezogen sind.
Schreibt gequirlten Mist, der sowohl von Konzentrationsstörungen als auch von mangelnden intellektuellen Fähigkeiten zeugt.

Kennt alle Buchstaben.
Aber kann er sie denn auch lesen?

Kennt einige Buchstaben.
Nämlich A, B und C. Oha, hier herrscht Nachholbedarf ...

Entwickelt zunehmend Freude, altersgerechte Bücher zu lesen.
Hat bisher in der zweiten Klasse noch Bilderbücher ohne Texte konsumiert.

Seine Buchstabenkenntnisse sind noch nicht gefestigt.
Totaler Analphabet.

Ordnung

... gab sich Mühe, seine Arbeitsmaterialien in Ordnung zu halten.
Hat er aber nicht geschafft. Seine Hefte sehen aus, als hätte man
darin einen Hering eingepackt.

Soziale Aspekte

Geht es darum, die sozialen Kompetenzen darzustellen, greifen
Grundschullehrer besonders gerne zu undurchsichtigen Formulierungen. Logisch: Nichts hassen Eltern mehr, als wenn andere
ein schlechtes Haar am Sprössling finden. Notorische Flucher und
verbale Fäkalfreunde erkennt man beispielsweise an diesen Formulierungen:

Es fiel ihm schwer, gegenüber anderen den richtigen Ton zu finden.
Spricht andere grundsätzlich mit „Ey du Opfer" an.

*Er muss noch lernen, Wünsche und Ärger ausgewogener und situations-
gerechter auszudrücken.*
Sein Lieblingssatz: „Verpiss dich, du Penner." Hier könnte man
noch ein wenig am Vokabular feilen ...

Andere scheinen generell ein Problem mit der Sprache zu haben –
ganz unabhängig von der Muttersprache:

*Er hat noch Schwierigkeiten, sich angemessen auszudrücken und zu
verständigen.*
Stammelt rum und kann sich nicht verständlich machen.

... hatte noch Mühe, sich sachgerecht und partnerbezogen zu äußern.
Hört nie zu und quatscht kruden Mist.

Andere wiederum kriegen den Mund gar nicht mehr zu:

Ist mitteilungsfreudig.
Quasselt einem das Ohr ab.

Doch auch das Verhältnis zu den Mitschülern wird gerne verschwurbelt formuliert. Vor allem wenn es um aggressives Verhalten geht – am Ende hat er das von zuhause?

Meinungsverschiedenheiten konnte er noch nicht verbal lösen.
Nicht schwätzen, sondern lieber draufhauen.

Er neigt dazu, sich mehr als erforderlich durchzusetzen.
Erst zuschlagen, dann fragen.

... hatte Schwierigkeiten, ein ungezwungenes Verhältnis zu Lehrern und Mitschülern aufzubauen.
Hat das ganze Jahr verschüchtert in der Ecke gesessen, weint, wenn man ihn anspricht.

Zeigte sich den Lehrkräften gegenüber aufgeschlossen.
Allerdings nicht den andren Kindern gegenüber, die ihn regelmäßig mobbten.

Arbeitete gerne mit anderen zusammen und schloss sich deren Meinung an.
Profilloser Mitläufer, der anderen nach dem Maul redet.

In Pausen und beim Sport verhielt sich der Schüler zeitweise sehr wild.
Erhöhen Sie Ihre private Haftpflicht-Deckungssumme, solange noch kein konkreter Schaden vorliegt!

Bei Streitereien suchte sie oft Hilfe.
Petze!

Verhalten und Leistung im Unterricht
Er bemühte sich, die Regeln einzuhalten.
Hat es dann aber doch nicht geschafft und letztlich gemacht, was
er wollte.

Kann sich teilweise auf einfachen Plänen orientieren.
Findet im Dunkeln den Hintern mit beiden Händen nicht.

Kann Gehörtes mit Unterstützung im Wesentlichen wiedergeben.
Kapiert nix und braucht auch beim dritten Anlauf noch Hilfe.

Sie zeigt vereinzelt Interesse.
Sitzt entweder teilnahmslos in der Ecke oder malt Bildchen, wenn
die anderen rechnen.

Kennt die Computertastatur und kann sie bedienen.
Sonst aber auch nix.

Belebt den Unterricht durch originelle Beiträge.
Intelligent, aber total nervig.

Fand keine Möglichkeiten, seine eignen Misserfolge zu verarbeiten.
Reagiert auf schlechte Noten mit fieser Laune und zerreißt seinem Banknachbarn das Heft, wenn er sich ärgert.

*Wendet nur mit persönlicher Unterstützung vorgegebene Methoden
und Strategien an, um Sprachhandlungssituationen zu bewältigen.*
Kann sich nicht ausdrücken. Gar nicht.

Er ist im Konkreten verhaftet.
Er hat Probleme mit Abstraktem. Sprich: Mit allem, das ein wenig Denkvermögen erfordert.

Genauso schwierig sind die sogenannten Förderempfehlungen:

Er soll durch Aufgaben auf der konkreten Ebene so sicher werden, dass er schrittweise zu einer höheren Abstraktionsebene geführt wird.
Logisch. Nur dass ihm die Eltern wahrscheinlich kaum werden folgen können.

Häusliche Übungen könnten ihm helfen, die Buchstabenkenntnisse zu verbessern.
Mensch, mach mal was für dein Kind, der wird sonst Analphabet!

Er benötigt vielfältige Bewegungsmöglichkeiten, um gelassener reagieren zu können.
Zappelphilipp, machen Sie zuhause mal Fernseher und Computer aus.

Die Raum-Lage-Beziehung bereitet ihm Schwierigkeiten.
Kann keine drei Schritte auf einem Strich am Boden balancieren. Melden Sie ihr Kind im Sportverein an!

Unsicherheiten in den grobmotorischen Bewegungsabläufen.
Ihr Kind ist ein Sporttrottel, der beim Geradeauslaufen über seine eigenen Füße stolpert.

Sollten Sie Ihr Kind hier wiedererkennen, ist es Zeit für ein kleines tête-à-tête in Sachen Motivation:

... zeigt geringe Motivation und Ausdauer.
Diesem Schüler ist alles scheißegal.

Einsatz und Ausdauer reichten nicht aus, um seine Arbeit erfolgreich zu Ende zu führen.

Er/sie fängt lasch an und gibt sich keine Mühe, sondern turnt wahrscheinlich erziehungsresistent durch die Klasse.

... hatte Mühe, dem Unterricht zu folgen, und zeigte kaum Anstrengungsbereitschaft.

Ey, null Bock Alder.

Könner verwenden fremdsprachige Wörter, um einer eventuellen Auslegung durch bildungsferne Eltern zu entgehen: „Ist nicht in der Lage, dem classroom discourse zu folgen."

DER PRAXIS-TIPP:

Für alle, die es ganz genau wissen wollen: Einfach mal einen Blick auf den Online-Generator unter http://schuelerbeurteilungen.de/beurteilungen.php werfen – oder gleich ein umfassendes Standardwerk zulegen (zum Beispiel die Sammlung unter www.schulbericht.de, auch als Buch erhältlich), das quasi jede mögliche Formulierung übersetzt. Gedacht sind diese Hilfen natürlich für Lehrer, aber wer sagt, dass sich nicht auch Eltern an den vielen, vielen Formulierungen erfreuen dürfen?